100 clés pour comprendre son Chien

100 clés pour comprendre son Chien

Roger Tabor

Auteur et présentateur
d'émissions sur les animaux de compagnie à la BBC

LAROUSSE

21 rue du Montparnasse - 75283 Paris Cedex 06

À mon père, Jean,
à Liz et à Sandy, Rex,
Misty
et Ambrose,
les chiens
de ma jeunesse

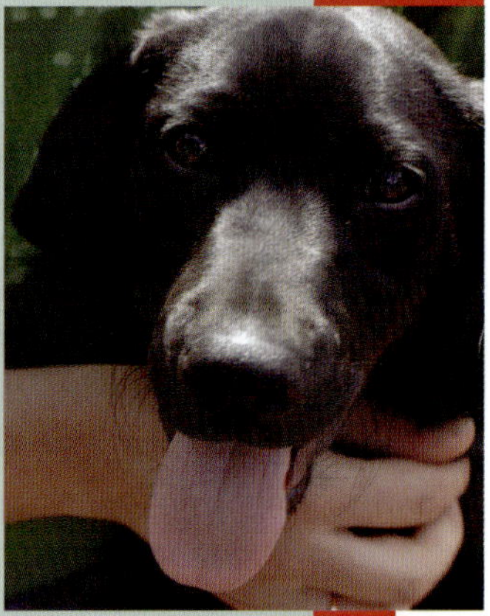

David & Charles Book
100 ways to understand your DOG

ÉDITION FRANÇAISE

Sabine Rolland avec la collaboration
de Anne-Claire Chappuis-Gagnon

Alinéa

Catherine Delprat

Agnès Dumoussaud assistée de Mathilde Piton

Emmanuel Chaspoul assisté de Cynthia Savage

Véronique Laporte

ISBN 978-2-03-582261-1
Dépôt légal : mars 2007

Achevé d'imprimer en février 2007 chez SNP
Leefung à Dongguan, Chine.

Sommaire

Merci à Bella, une chienne Cocker

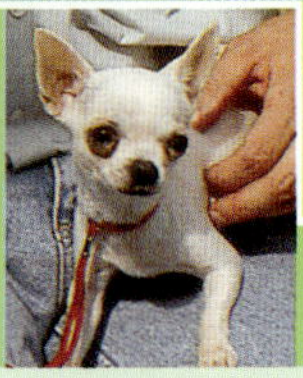

Le meilleur ami de l'homme

J'ai eu la chance d'être élevé avec des chiens et des chats. Le premier chien dont je me rappelle est celui de mes grands-parents, Rex. C'était un bâtard. Ce terme, péjoratif, est employé comme une insulte, mais les bâtards, de même que les corniauds, sont moins fragiles que les chiens de race (sous entendu de race pure). Dans l'univers canin, la plupart des futurs propriétaires veulent à tout prix des chiens de race, parfaitement identifiables, alors que dans l'univers félin les chats à pedigree sont minoritaires et les chats dits de gouttière majoritaires.

Lorsque j'étais adolescent, mon Golden Retriever, Sandy, et moi, étions inséparables. Je lui dois en partie mon intérêt pour la nature. Nous avions l'habitude de marcher dans les bois pendant des heures. À la vue d'un petit lac, Sandy bondissait dans l'eau et nageait avec l'agilité naturelle de sa race. Nous avons participé à des cours d'éducation canine et j'avais plaisir à voir la facilité de Sandy à s'asseoir au bord du trottoir avant de traverser la rue. Plus tard, ma sœur a eu un élégant Colley à la face mince et allongée, entourée d'une abondante collerette de poils lui donnant un air doux et fier.

Mes parents ont ensuite eu un Springer anglais, Ambrose. Il était toujours si excité quand des gens venaient nous voir que l'on croyait que sa queue allait se décrocher tellement il la remuait ! Mais c'est lui qui m'a initié à certains comportements gênants : il tirait sur sa laisse pedant les promenades, il accompagnait parfois ses accueils trop « chaleureux » d'une petite émission d'urine et il ne laissait personne approcher sa panière. J'ai découvert plus tard l'influence de son hérédité, de son éducation et des relations avec ses maîtres sur son tempérament et son comportement.

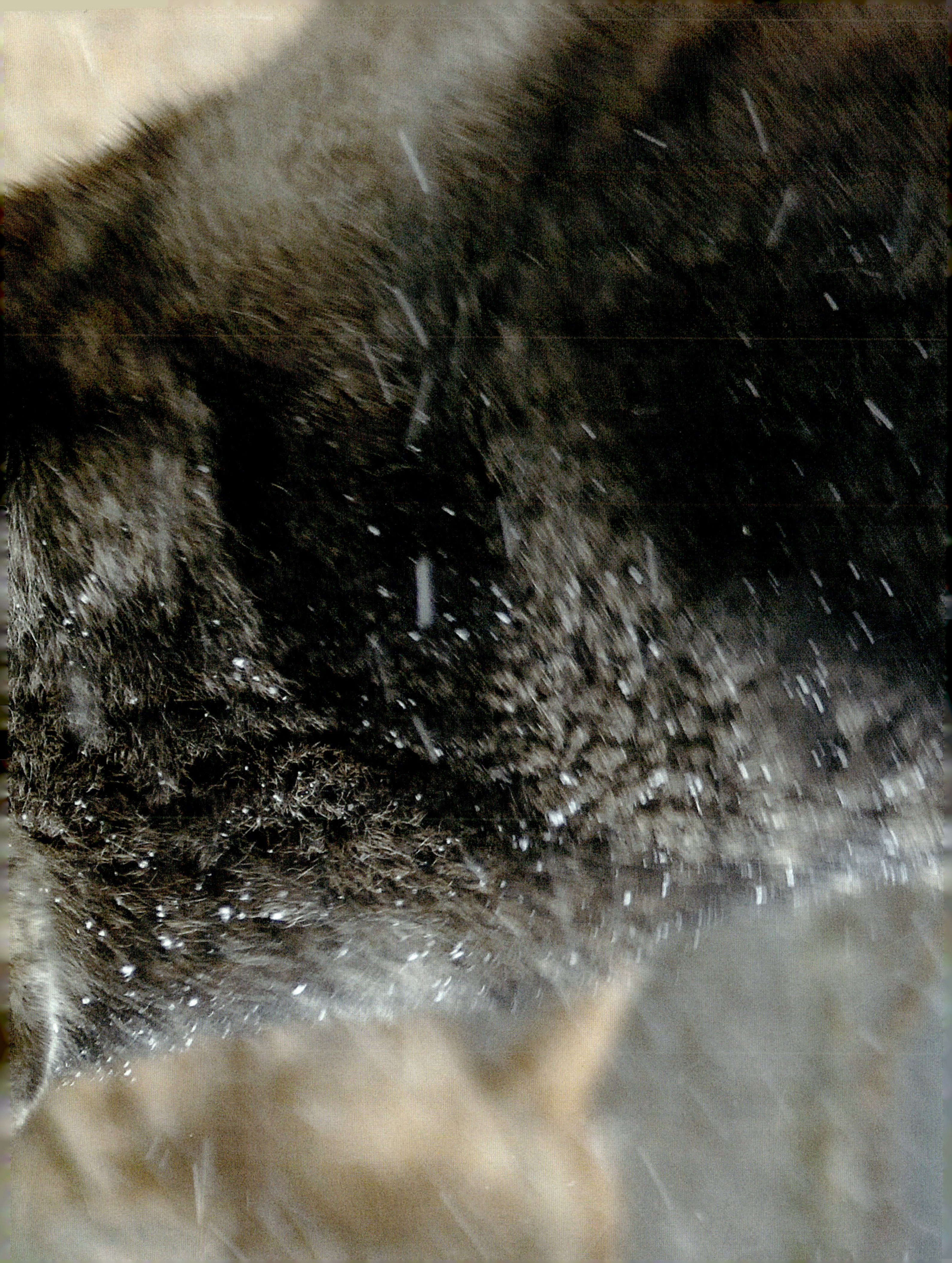

Indépendamment de leurs différences de caractère, les chiens ont été chéris par leur « meute » humaine, reconnus comme de véritables membres de la famille, des individus à part entière, avec leur propre personnalité. Notre tendance à considérer nos animaux de compagnie comme des membres de notre famille est naturelle, car nous les intégrons dans le schéma comportemental de notre propre espèce.

Les chiens nous perçoivent comme des individus de leur meute pour des raisons identiques. C'est parce qu'ils sont des animaux sociaux que l'homme a toujours entretenu avec eux une relation hiérarchique qui coulait de source : le chien considérant son maître comme le chef de la meute, il est toujours prêt à le suivre. Ce qui n'est pas le cas du chat, animal solitaire très attaché à son territoire et qui est son propre maître. En témoigne le rôle central joué par le chien dans l'art européen du dernier millénaire : l'animal est souvent représenté accompagnant son maître à la chasse. Il existe actuellement plus de 400 races de chiens dans le monde et le chien domestique (contrairement au chat domestique) offre une extrême diversité de formes et de tailles. Mais, paradoxalement, les canidés sauvages (Loups, Lycaons, Dholes, etc.) sont tous assez proches les uns des autres, alors que les félidés sauvages, des chats du désert aux tigres, présentent une extraordinaire variété.

Les chiens sont de formidables compagnons et les progrès de la recherche nous permettent de mieux les connaître et de mieux comprendre la relation homme/chien.

Roy Tabor

AU SUJET DE CE LIVRE

Même si nous pensons tout savoir sur le caractère et le comportement du chien, nous ignorons souvent à quel point son comportement actuel est conditionné par celui de ses ancêtres qui vivaient en meutes et chassaient pour survivre, ainsi que par sa longue relation complexe à l'homme.

La première partie, « Toutou, tu viens d'où ? », explore l'histoire du chien d'après de récentes découvertes majeures, en soulignant les liens qui subsistent entre races modernes, soumises à un élevage et un dressage sélectifs, et races anciennes, « primitives », que l'on rencontre encore aux quatre coins du monde.

La deuxième partie, « Histoires de races », présente l'extraordinaire diversité du monde canin où toutes les tailles, toutes les formes, tous les tempéraments et tous les comportements, ou presque, existent.

La troisième partie, « Être un chien, c'est quoi ? », s'intéresse aux principales caractéristiques de sa physiologie.

La quatrième partie, « Éduquer un chien, c'est quoi ? », insiste sur la nécessité de faire comprendre à votre chien que vous êtes « l'animal » dominant du foyer et qu'il doit vous obéir, dans son intérêt comme dans le vôtre.

La cinquième partie, « À chaque problème, sa solution », traite des comportements gênants et des troubles du comportement chez le chien. En collaboration avec des spécialistes canins, des solutions et conseils vous sont proposés.

La dernière partie, « L'homme, le meilleur ami du chien », aborde de façon plus générale la relation entre l'homme et le chien et soulève quelques questions préoccupantes pour les années à venir.

Les petites étiquettes (ci-contre) identifient les races.

1

Toutou, tu viens d'où ?

Loup gris
Canis lupus

Ainsi soit-il et fonctionne-t-il

Différents types de chiens ont commencé à se développer très tôt dans l'histoire de l'espèce. Il existe une grande variété de formes, de tailles et de robes, mais les caractéristiques fondamentales du chien demeurent. Il a hérité du sens de la hiérarchie des meutes de loups et des qualités de « coureurs de fond » de ses ancêtres qui chassaient en groupe. De plus, il possède des sens très développés et des systèmes pour laisser et interpréter des messages odorants.

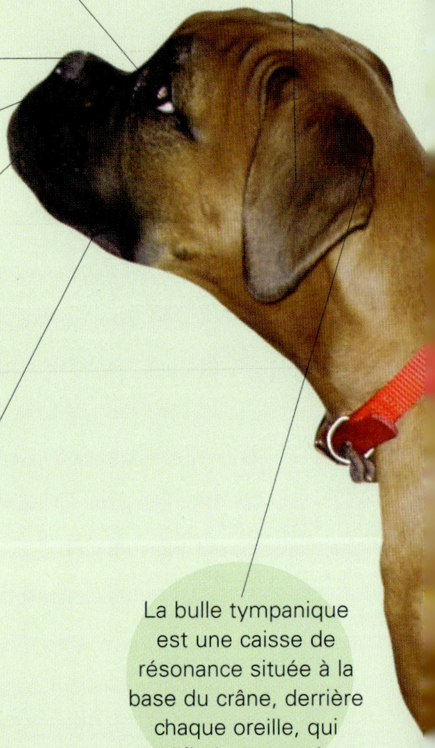

Le positionnement de ses yeux autorise deux types de vision nécessaires à la chasse : une binoculaire et une périphérique. Le chien est aussi doté d'une bonne vision crépusculaire.

Les chiens à oreilles dressées peuvent faire pivoter leur pavillon à l'aide de 17 muscles pour localiser un son, ce dont les chiens à oreilles tombantes sont incapables.

Une truffe sèche n'est pas un signe de bonne santé, mais peut résulter d'un air ambiant chaud et sec.

Le chien a un odorat beaucoup plus développé que celui de l'homme, environ 1 million de fois plus sensible, selon la race.

Le museau, y compris la truffe et les moustaches, est la zone la plus sensible car la plus innervée. Les vibrisses détectent la présence rapprochée d'un objet.

La bulle tympanique est une caisse de résonance située à la base du crâne, derrière chaque oreille, qui amplifie les sons aigus.

Un chien de taille moyenne possède une mâchoire environ 6 fois plus puissante que celle de l'homme et adaptée à la saisie des proies.

Ses griffes non rétractiles améliorent son adhérence au sol pendant la course.

Les coussinets plantaires absorbent et amortissent les chocs. Leur peau est très épaisse et leur surface rugueuse améliore l'adhérence au sol. Le chien peut détecter des vibrations par ses coussinets.

Quand le chien adopte une attitude menaçante, les poils le long de sa colonne se hérissent.
La taille d'un chien se mesure au garrot.
Ses omoplates allongées lui permettent d'allonger ses foulées pour pourchasser ses proies.
Sa robe est constituée de deux types de poils : les poils de jarre, gros poils longs et raides de couverture, et les poils de bourre, doux et fins. Des lavages trop fréquents peuvent leur ôter leur imperméabilité naturelle.
Boxer
Le chien lève sa queue en signe de menace et la baisse en signe de soumission.
Les glandes anales libèrent un liquide odorant dans les selles, laissant un marquage odorant porteur d'identité.
Les muscles des membres bénéficient d'un apport sanguin adapté à la course d'endurance.
Des mouvements latéraux de la jambe limités améliorent la stabilité durant la course.
Le grasset est l'équivalent de notre genou.
Le jarret est l'équivalent de notre cheville.
Le chien est digitigrade : il se déplace sur ses doigts et non sur sa plante de pied, d'où son adaptation à la course et non à la marche prolongée.
Les chasseurs de gibier d'eau ont tendance à avoir les pieds palmés.

1 Sauvage, vous avez dit sauvage ?

Les premiers carnivores, appelés miacidés, sont apparus à l'Éocène il y a quelque 50 millions d'années. Cette branche a donné naissance, d'une part aux féloïdés d'où sont issus les félidés, les hyénidés et les viverridés, d'autre part aux canoïdés d'où descendent les canidés, les ursidés, les procyonidés et les mustélidés.

Outre le loup, les canidés sauvages comprennent le chacal, le coyote, le dhole, le chien des buissons et le lycaon, soit 38 espèces au total. Le lycaon et le dhole ne sont pas tout à fait aussi grégaires et respectueux d'une hiérarchie sociale que le loup. C'est le sens inné du loup pour l'ordre hiérarchique qui a permis le développement d'une relation dominant/dominé entre l'homme et le chien. Une grande proximité entre l'homme, le loup et le chien s'observe dans des villages inuit du Canada qui réalisent encore des croisements entre chiens de traîneau et loups, pour éviter une progéniture trop craintive ou trop agressive.

La chasse collective organisée par une meute de loups leur permet de saisir des proies plus grosses qu'eux, contrairement à un chasseur solitaire comme le renard au mode de vie et à l'habitat plus proches de ceux d'un félin.

Les données archéologiques ne déterminent pas le début des relations entre homme et loup, mais uniquement quand elles se sont durablement établies. Les plus vieux fossiles – un morceau de maxillaire et des dents – découverts en Irak ont 12 000 ans (des vestiges aux origines plus incertaines en ont 14 000).

C'est en Asie occidentale qu'on trouve les restes les plus anciens qui coïncident avec les premières habitations humaines, tout comme ceux originaires d'Amérique, d'Europe, de Russie et du Japon. La répartition géographique initiale du loup couvrait toutes ces régions – ce qui explique l'existence de nombreuses sous-espèces.

Les premiers chiens sauvages

Les différentes caractéristiques observées chez les ancêtres du loup sont à l'origine de la grande diversité génétique des premiers chiens : par exemple, les loups d'Inde et de Chine étaient plus petits que ceux d'Europe et d'Amérique du Nord.

D'autres ancêtres tels le chacal et le coyote pourraient aussi expliquer une aussi grande diversité. En effet, ils ont parfois produit des hybrides fertiles en s'accouplant avec des loups, comme l'a fait le chien domestique ; il n'est donc pas exclu qu'ils aient produit des croisements en s'accouplant avec les premiers chiens. Toujours est-il que l'instinct social du loup, beaucoup plus développé que celui d'autres canidés sauvages, nous laisse penser que le loup serait un ascendant clé, voire le seul ancêtre du chien. D'ailleurs, des études génétiques récentes ont prouvé que le loup est l'ancêtre du chien.

Les canidés et l'homme

Les chasseurs suivaient les meutes de loups et les loups suivaient les chasseurs pour se nourrir de leurs restes. Mais des louveteaux recueillis et élevés par des hommes auraient constitué le véritable point de départ de leur relation.

Ses « grands » cousins sauvages 2

Les canidés se divisent en deux groupes selon le type de proies qu'ils chassent et leur habitat. Le premier groupe, celui des grands canidés, comprend les loups et les lycaons. Ces animaux vivent en meutes, ce qui leur permet de chasser de grosses proies. Le second groupe, celui des petits canidés, comprend, entre autres, les renards. Vivant seuls ou en couples, ce sont des chasseurs généralement solitaires qui se nourrissent de petites proies.

Le canidé le plus social est le lycaon : la meute peut comprendre 30 individus, capables de chasser de grosses proies (zèbres et gnous). Tous les individus régurgitent la nourriture pour les petits du seul couple autorisé à se reproduire – chez les canidés sociaux, la meute est dirigée par un mâle et une femelle dominants qui sont les meneurs et les reproducteurs du groupe. Les lycaons ont leur propre « langage » : ils remuent la queue et se lèchent mutuellement. Selon certains scientifiques, la régurgitation de la nourriture est un facteur de communication si important chez les lycaons qu'il limite la communication avec les humains.

Contrairement à la plupart des carnivores, dont le loup, les jeunes lycaons mâles restent dans la meute alors que les femelles s'intègrent à d'autres groupes.

Autre canidé sauvage vivant en meute : le dhole. Répandu en Inde et en Asie du Sud-Est, il chasse en meutes de 5 à 15 individus sur un territoire d'environ 8 km^2. L'extraordinaire cohésion qui règne au sein de la meute lui permet de terrasser de grands cerfs tels le sambar et l'axis. Les dholes peuplent les zones les plus boisées qu'ils traversent en file indienne, mais pourchassent et tuent leurs proies dans les milieux ouverts, par exemple près d'un point d'eau.

Lors d'une chasse organisée par une meute de dholes, un sambar, qui s'était éloigné de son groupe, devait traverser un lac. La meute de dholes attendait de l'autre côté et ne semblait pas vouloir entrer dans l'eau. Le jeune cerf s'est défendu de manière inattendue en piétinant le fond de l'eau et en éclaboussant les dholes qui n'ont pas osé s'approcher !

3 Ses « petits » cousins sauvages

Parmi les 21 espèces de renards, du fennec adapté à la vie dans les déserts d'Afrique du Nord au renard polaire qui peuple les régions arctiques, l'espèce la plus répandue est le renard roux (à gauche).

Chasseurs solitaires de petites proies, les renards peuvent vivre seuls. Pourtant, le renard roux et le renard polaire forment des couples assistés par des adultes non reproducteurs, les « Helpers » (chez les renards roux, ce sont des femelles). Les renards marquent leur territoire en urinant et en déféquant.

Les renards polaires, également appelés renards bleus ou Isatis, survivent dans les régions arctiques grâce aux charognes laissées par les ours polaires. Pour résister au froid, ils revêtent un pelage d'hiver blanc, épais et duveteux, dont les poils creux emprisonnent l'air.

Le coyote d'Amérique du Nord chasse seul dans les zones où abondent les petites proies, mais forme une petite meute pour chasser dans les espaces où les grosses proies sont plus nombreuses.

Les chacals peuvent mener une vie solitaire, mais ils chassent souvent en couple. Une étude réalisée dans le parc national de Serengeti, en Tanzanie, a révélé que les jeunes chacals n'étaient pas les seuls à rester pendant un an au sein de la meute, la plupart des couples adultes demeurent dans le groupe pour jouer un rôle dans la reproduction. Et plus les « Helpers » sont nombreux à rester, plus le taux de survie des jeunes de moins d'un an est élevé.

Le loup d'Éthiopie peuple les montagnes éthiopiennes où il chasse seul de petites proies, mais forme, lui aussi, des familles constituées d'un couple reproducteur et d'adultes non reproducteurs qui régurgitent pour nourrir les jeunes.

Autre membre de la famille des canidés : le loup à crinière des pampas d'Amérique du Sud, surnommé « renard sur des échasses » en raison de ses pattes très longues qui favorisent son déplacement dans les hautes herbes. La survie de ce grand loup est menacée et, comme avec certains petits canidés, nous n'en savons pas assez sur son mode de vie pour être sûrs de pouvoir protéger l'espèce. Nous avons appris néanmoins qu'il ne se nourrit pas seulement de petites proies, mais aussi d'une grande quantité de fruits de saison.

Il semble que des liens se seraient formés entre les premiers hommes et de nombreux canidés vers la fin de l'époque glaciaire et que les groupes humains auraient apprivoisé le loup, mais aussi le chacal, le dhole, différentes espèces de renards, le chien des buissons et peut-être même le lycaon. Les canidés plus solitaires seraient partis à la recherche de partenaires d'accouplement dès le début de l'âge adulte.

Prédateur ou charognard ?

Les Égyptiens ont associé le chacal à Anubis, le dieu de la mort. Pourtant, au Serengeti (Tanzanie), l'alimentation de ce prétendu charognard est composée de 6 % de charognes, le reste de fruits et de rongeurs.

Le Basenji, compagnon des pharaons

4

Le Basenji est la plus caractéristique de toutes les races anciennes. Les anciens Égyptiens reconnaîtraient probablement le Basenji actuel et des représentations de ce chien ont été identifiées sur des bas-reliefs datant du début de la 5e dynastie, soit de près de 4 500 ans. La seule différence visible entre le Basenji de l'Égypte ancienne et le Basenji moderne réside dans les pattes plus longues du premier (cf. page 83).

Les anciens Égyptiens appelaient les chiens « iwiw », mot qui signifiait « aboyer », ce qui prouve qu'ils connaissaient d'autres races que le Basenji puisque la principale caractéristique de ce chien est de ne pas aboyer.

Mais cette race ancienne possède bien d'autres caractéristiques. (D'ailleurs, même s'ils sont plutôt silencieux, ces chiens produisent d'autres sons, dont le hurlement.) Quand le Basenji est en éveil, des rides marquées se forment sur son front. Même son allure est différente de celle des autres chiens, car il peut facilement trotter sur de très longues distances. Enfin, il a gardé les oreilles droites et ne se reproduit qu'une fois par an, comme son ancêtre le loup.

Correctement socialisé, un Basenji entretient de bonnes relations avec l'homme, quoiqu'il reste souvent craintif vis-à-vis des étrangers (cf. ci-dessous). En revanche, sa dominance à l'égard de ses congénères peut poser problème.

Le Basenji à la loupe

Selon des scientifiques américains Scott et Fuller, les Basenjis sont beaucoup plus craintifs et méfiants que d'autres races, même si le fait d'avoir été manipulés par l'homme dès leur plus jeune âge améliore considérablement leur sociabilité. Ils peuvent également se montrer plus agressifs. En outre, les chercheurs ont observé que les Basenjis peuvent être particulièrement tolérants entre eux au sein d'un enclos, contrairement à la plupart des chiens, mais rivalisent pour la nourriture. Autre particularité : ils affichent une farouche résistance à la laisse et au collier. Conclusion : un jeune Basenji socialisé suffisamment tôt peut faire un bon animal de compagnie.

SON HISTOIRE POST-PHARAONIQUE

- Le Basenji compte parmi les races de chiens les plus anciennes. Lors du déclin de l'Égypte ancienne, il a été utilisé dans tout le nord de l'Afrique comme chien de chasse pour sa vue et son odorat particulièrement performants.
- Les explorateurs britanniques de l'ère victorienne ont reconnu les spécificités du Basenji et en 1895 un couple de chiens a été envoyé en Grande-Bretagne ; mais, il succomba à la maladie de Carré. En 1936, Olivia Burn, une éleveuse britannique, a réintroduit la race en Angleterre et réussi sa reproduction.

5 Donne-moi ton ADN et je te dirai qui tu es

Les découvertes archéologiques nous ont fourni de précieuses informations sur les origines du chien, mais malheureusement fragmentaires puisque certains matériaux ont une durée de vie limitée. L'étude de l'ADN nous a permis d'élargir nos connaissances sur l'histoire des chiens. En effet, depuis quelques années, il est possible d'étudier l'histoire génétique d'une espèce par l'ADN, longue molécule en double hélice qui porte le « code de fabrication » de l'individu.

En 1997 Carles Vilà et ses collègues de l'université d'Uppsala, en Suède, ont comparé l'ADN de 140 chiens (issus de 67 races pures et de 5 croisements) à celui de loups appartenant à 27 populations distinctes et à celui de coyotes et de chacals. Ils en ont déduit que le chien domestique était plus proche du loup que du coyote ou du chacal, mais que son origine était « mélangée » : en réalité, l'hybridation entre le loup et le chien s'est poursuivie longtemps après les débuts de la domestication de notre cher toutou.

Tandis que la première preuve archéologique de l'existence d'un chien domestique qui vivait aux côtés des hommes remonte à environ 14 000 ans, Vilà prétendait, à l'appui de ses analyses, que la domestication du chien pouvait être beaucoup plus ancienne et avoir commencé il y a 160 000 à 130 000 ans. Une telle ancienneté aurait des conséquences profondes sur notre compréhension de la relation homme/chien. Les analyses de Vilà ont également montré que nos races de chiens traditionnelles étaient issues d'un certain nombre d'individus aux origines différentes.

En 2002 Peter Savolainen, qui avait participé aux travaux de 1997, a dirigé une équipe qui a étendu l'étude à l'Asie orientale. Il a prélevé des échantillons d'ADN sur un panel représentatif de plus de 650 chiens. La grande majorité appartenait à l'un des trois groupes d'origine, mais le groupe le plus diversifié, et donc probablement le plus ancien, était celui de l'Asie orientale. Alors que les preuves archéologiques les plus anciennes proviennent du Moyen-Orient et d'Allemagne, ces nouvelles données issues de la systématique moléculaire montraient clairement l'origine extrême-orientale du chien. L'équipe de Savolainen a fait remonter les débuts de la domestication du chien à une période comprise entre 15 000 et 40 000 ans, des estimations plus proches des données archéologiques existantes.

Ces estimations vous rendent encore plus perplexe ? Malgré leur efficacité, ces méthodes dépendent tout autant de l'interprétation des chercheurs que les données archéologiques. Si l'on s'appuie uniquement sur les résultats des fouilles, l'origine du chien se trouverait au Moyen-Orient, mais ce serait oublier le manque de recherches archéologiques en Chine au cours de ces 50 dernières années. Les nouvelles preuves génétiques disponibles laissent à penser que des fouilles archéologiques en Extrême-Orient pourraient s'avérer tout aussi fructueuses.

Loup gris

Chiens et faune indigène

Même si l'on reconnaît que les changements climatiques ont transformé les conditions de vie de la faune indigène, ils ne sont peut-être pas le seul facteur en cause. Les chiens pourraient avoir joué un rôle dans ce domaine. Par exemple, le cheval indigène d'Amérique aurait disparu il y a environ 12 000 ans, et il se peut que les hommes se soient fait aider de leurs fidèles compagnons de chasse, les chiens, pour éradiquer la race.

RACES REGROUPÉES EN FONCTION DE LA SIMILITUDE DE LEUR ADN

Encadré jaune = loups et chiens les plus apparentés aux loups (également appelés races « anciennes »)

Encadré rouge = groupe de chiens de chasse

Encadré vert = groupe de chiens de berger

Encadré bleu = groupe de chiens de garde

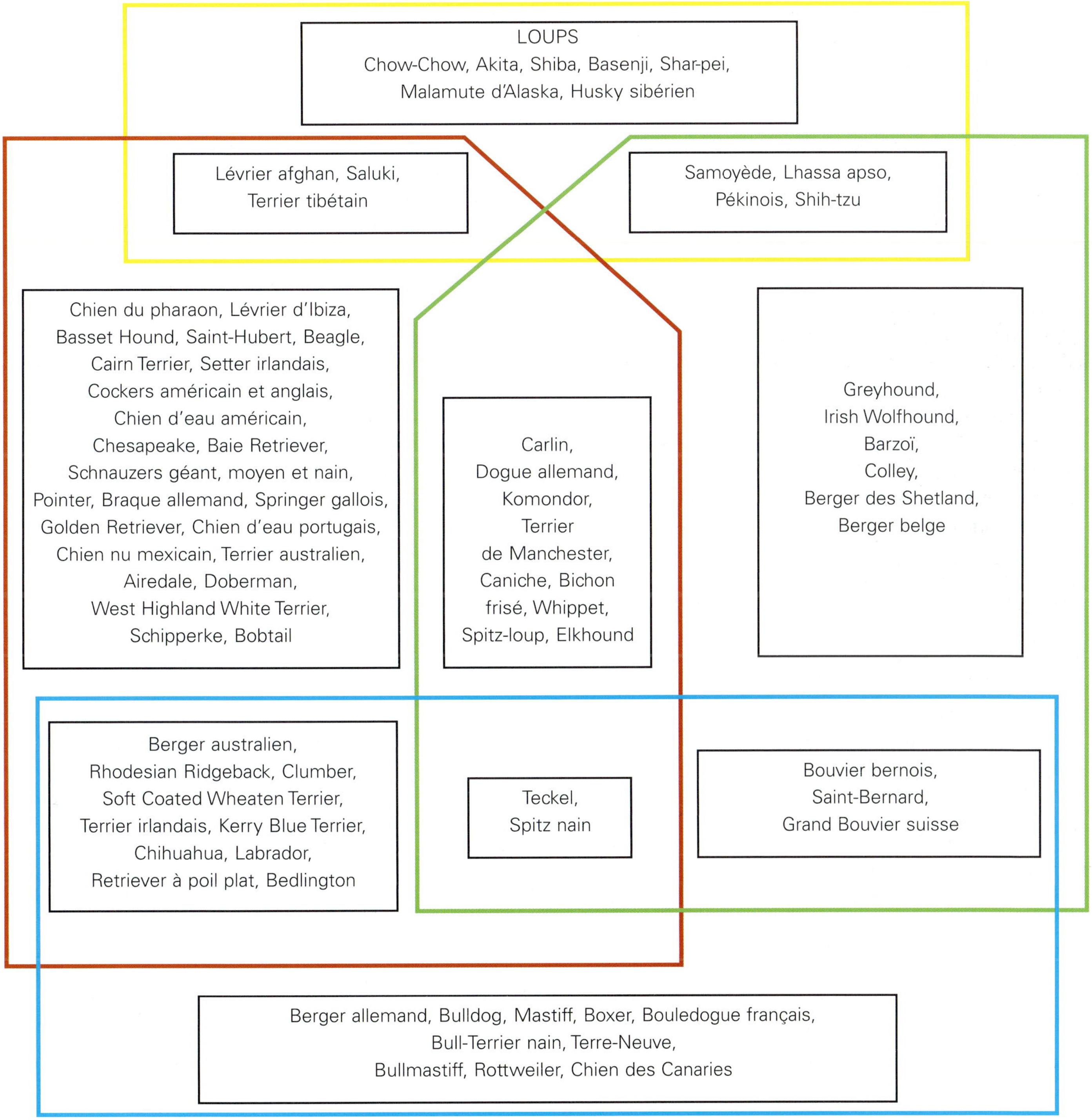

6 Des chiens phéniciens ?

Les Phéniciens ont été les premiers grands navigateurs. Ils ont d'abord vécu dans les cités de Tyr et de Sidon, au Moyen-Orient, où ils réalisaient des échanges commerciaux avec l'Ancien Empire égyptien vers 2500 av. J.-C., avant de s'installer sur les côtes de Chypre en 1000 av. J.-C. et de fonder Carthage, en Afrique du Nord, vers 750 av. J.-C. À mesure qu'ils étendaient leurs colonies dans le pourtour méditerranéen, ils ont pris avec eux des chiens aux oreilles droites bien connus des pharaons égyptiens.

Chose étonnante : les chiens qui ont accompagné les Phéniciens sur les îles qu'ils ont colonisées s'y trouvent encore aujourd'hui – de véritables « fossiles vivants » en témoignent. Ces races anciennes présentes en Méditerranée et aux Canaries ont une santé robuste et une espérance de vie d'au moins 12 ans. Ce sont toutes des races de chasseurs de lapins.

Le plus connu est le chien du pharaon originaire de Malte et de Gozo. En 1968 un touriste a rapporté chez lui quelques spécimens de la race et il a rebaptisé ces « chasseurs de lapins » en « chiens du pharaon » en raison de leur similitude avec les chiens représentés sur les peintures murales de l'Égypte ancienne.

En Sicile, le Cirneco de l'Etna ressemble au Chien du pharaon mais plus petit. Le Lévrier d'Ibiza ou Lévrier des Baléares, lui ressemble aussi, mais avec un squelette plus fort. Ce chien a été remarqué dans les années 1950 par un éleveur espagnol qui a assuré sa reproduction et contribué à sa diffusion dans le monde entier. L'Espagne possède le Galgo, ou Lévrier espagnol, qui témoigne de l'occupation phénicienne.

Les Européens n'ont pas atteint les îles Canaries, avant le XIVe siècle, mais les Lévriers des Canaries témoignent d'une colonisation, dès le premier millénaire av. J.-C., par les Phéniciens. Le lévrier des Canaries (ci-dessus) était indispensable pour empêcher les lapins de détruire les récoltes difficiles à cultiver à cause des cendres volcaniques. Ce chien, aussi fin et élégant que les autres chiens diffusés par les Phéniciens, subsiste aujourd'hui dans les fermes de l'île, mais sert désormais à limiter la prolifération des nuisibles, les lapins étant devenus très rares !

Le Mastiff, issu des dogues assyriens, et le Greyhound ont également été diffusés aux quatre coins du monde par les Phéniciens et sont originaires du Moyen-Orient, contrairement aux premiers chiens de l'histoire qui, selon les résultats des travaux sur l'ADN, seraient originaires d'Extrême-Orient.

Canis → Canaries ?

Le nom des îles Canaries, probablement dérivé du latin *canis*, tend à prouver le rôle important que les chiens introduits par les Phéniciens ont joué dans ces îles. Pour nous, aujourd'hui, ces chiens ne témoignent pas seulement de l'expansion colonisatrice d'un peuple ancien, mais nous permet de mieux connaître les chiens de l'Égypte ancienne et de la Phénicie.

7 Du sang oriental

Le meilleur moyen de comprendre l'apparition et les origines du chien est d'interpréter les différentes données dont nous disposons grâce aux analyses ADN, aux découvertes archéologiques, aux sources historiques et autres. Les travaux sur le génome du chien ont progressé rapidement : pourront-ils nous en apprendre davantage sur les origines des races de chiens et leurs liens mutuels ?

D'après des recherches effectuées en 2004, des scientifiques ont découvert qu'ils pouvaient répartir les chiens en quatre groupes principaux : trois de ces groupes se rapportant à une fonction – garde, rassemblement et conduite des troupeaux, chasse – le quatrième groupe incluant également les loups de Chine, du Moyen-Orient, d'Europe et d'Amérique du Nord (cf. tableau page 17).

Ce quatrième groupe comprend essentiellement des chiens de type Spitz caractérisés par une face lupoïde et une queue enroulée, comme le Chow-Chow et le Shar-pei. Malgré son aspect compact, le Chow-Chow est clairement un Spitz, parfois appelé « Spitz chinois ». Ces deux races ont en commun une langue bleu noir qui a fait leur popularité.

Les petites races extrême-orientales

Le Pékinois, le Lhassa Apso et le Shih-Tzu se situent à mi-chemin entre les loups et les races de chiens les plus anciennes (en jaune page 17) et les chiens de garde des troupeaux (en vert page 17). Pendant des siècles, les Pékinois ont appartenu exclusivement aux membres de la famille impériale chinoise et ne sont sortis de Chine qu'à la prise de Pékin par les Anglais en 1860.

Mais si ces petits chiens sont des races si anciennes et si proches du loup sur le plan génétique, comment ont-ils pu subir une telle transformation physique ? En réalité, cette métamorphose a deux causes. D'abord, pour obtenir la face aplatie typique du Pékinois, certaines parties du crâne du chiot doivent se développer à des rythmes différents.

À la naissance, la plupart des chiots ont des formes de tête quasiment identiques, mais chez le Pékinois, la face aplatie apparaît au bout de cinq mois. De même, la plupart des chiots de différentes races ont une taille presque identique à leur naissance, mais des différences de taille apparaissent au bout de trois mois et un rythme de croissance plus lent engendre des chiens plus petits.

Les différents groupes de chiens n'ont pas été établis selon leur ancienneté, mais selon la similitude de leurs séquences ADN. Les évolutions ne sont pas toujours liées au temps : si on provoque des hybridations entre ces groupes et des loups ou des chiens harets à la lignée très ancienne, les résultats seront faussés et donneront l'impression qu'une race est plus ancienne qu'elle ne l'est réellement, tandis que des croisements ultérieurs entre des chiens de ces différents groupes, comme cela s'est produit au cours de l'histoire, en particulier aux XIXe et XXe siècles, engendreront d'autres transformations.

8 De la meute de loups…

Le loup gris est très répandu dans l'hémisphère Nord et, bien qu'il soit associé dans notre esprit à la seule région septentrionale de l'Amérique du Nord, il peuple également une grande partie de l'Asie, du Moyen-Orient et certaines régions de l'Europe à travers ses 32 sous-espèces.

Même si les loups ont une alimentation variée, ceux qui vivent en Amérique du Nord se nourrissent essentiellement de caribous et d'élans. Et vu la taille de ces cervidés, les loups doivent les chasser en meute dans des milieux ouverts ou relativement ouverts.

Chaque meute revendique un territoire bien à elle en poussant des hurlements, sons assez terrifiants qui peuvent être perçus 8 à 10 km à la ronde. Son territoire peut s'étendre sur 20 km, les hurlements sont mieux perçus à la frontière entre les territoires adjacents de deux meutes.

La meute ne hurle en général que deux ou trois fois par jour, et si une meute voisine hurle aussi, la meute ne va pas répondre à ce hurlement, car elle risquerait d'être localisée par une autre meute, ce qui la mettrait en danger. Cependant, si la meute possède des louveteaux ou une capture récente, elle aura tendance à s'affirmer et à répondre aux hurlements de la meute voisine, une façon de montrer que le territoire lui appartient. Le hurlement comportant des risques, il est souvent poussé par une meute constituée d'un grand nombre d'individus qui se sentent davantage en confiance. La taille de la meute dépend de l'abondance et de la taille des proies.

Le territoire de la meute est délimité par des marquages urinaires déposés par les mâles dominants toutes les deux à trois minutes. Vers la périphérie du territoire, les marquages odorants des loups de la meute adjacente se chevauchent et provoquent chez les mâles un afflux d'hormones et le besoin d'affirmer leur présence.

Le succès de la meute repose sur le mâle et la femelle dominants, en principe les seuls à se reproduire. La période de reproduction s'étend de janvier à avril et la femelle dominante met bas entre 4 et 7 petits qui demeurent dans la tanière, sous terre, pendant un mois d'allaitement. Dès qu'ils peuvent recevoir de la nourriture régurgitée, ils sortent et sont nourris par leurs parents et d'autres loups de la meute, les « Helpers », qui veillent à leur bonne croissance pour leur permettre de suivre la meute dès l'âge de 3 à 5 mois.

C'est cette aptitude génétique des individus non reproducteurs de la meute d'accepter leur rôle de fidèles soutiens au couple dominant dans l'intérêt de la meute toute entière qui permet à notre chien domestique de s'intégrer aussi bien dans nos vies. Toutefois, lorsqu'un individu non dominant se voit attribuer un statut plus élevé au sein de la meute, le plus souvent suite à la blessure, à la vieillesse, à la faiblesse ou à la mort du dominant, il est prêt à endosser ce rôle radicalement différent. C'est pourquoi si nous abdiquons notre statut de dominant à la maison, notre toutou est prêt à nous remplacer dans le rôle de chef… du foyer !

9 ... aux chiens de meute

La hiérarchie qui règne au sein de la petite meute que constitue notre foyer est déterminante et une meilleure compréhension du comportement naturellement grégaire du chien nous permettra de mieux appréhender « le loup qui marche à nos côtés ».

Chez le loup comme chez le chien, il existe un attachement plus fort à la meute qu'au territoire. Par conséquent, la vie en meute n'exige pas seulement un comportement de dominance, mais aussi de soumission, de la part d'un carnivore grégaire comme le chien. C'est ce comportement de soumission qui le distingue du chat, chasseur solitaire.

Certaines meutes de loups peuvent couvrir un territoire compris entre 390 et 1 300 km^2 selon la nature du milieu et le nombre d'individus. Les meutes constituent généralement un groupe familial de 10 à 12 individus (voire de 2 à 22 individus). Leur territoire est plus limité l'été, car ils restent à proximité de leur tanière jusqu'à ce que les jeunes puissent suivre la meute.

Inutile de remonter jusqu'au loup pour observer le comportement d'une meute : au cours de leur histoire, de nombreux pays ont utilisé des meutes de chiens courants pour la chasse à courre. Entre deux chasses, ces chiens vivent en communauté dans des chenils. En général, il existe moins de rivalité entre eux que chez des races qui ne vivent pas en collectivité.

La chasse à courre au renard est née en Angleterre au XIIIe siècle (depuis février 2005, elle est interdite), mais le développement du Foxhound actuel, chien de chasse par excellence, ne date que du milieu du XVIIIe siècle. (C'est à George Washington, qui a croisé des Français avec des Foxhounds anglais, que l'on doit le Foxhound américain, aux oreilles plus pendantes.)

Même si les Foxhounds sont faciles à vivre, dynamiques et sociables avec l'homme, l'instinct social très fort qui les lie à leurs congénères en fait des chiens de meute typiques. Ils semblent nés pour la chasse à courre, d'où leur présence indispensable aux côtés des chasseurs. Ils peuvent être impétueux, têtus et très destructeurs, d'où la nécessité de les diriger d'une main très ferme.

Le Foxhound

Avant de partir à la chasse, les Foxhounds sont calmes, mais bondissent et crient dès que le chasseur sonne le cor. Ils restent silencieux tant qu'ils quêtent pour repérer l'odeur du renard, mais dès que l'un d'entre eux a découvert une piste, il jappe, puis donne de la voix pour montrer qu'il est sûr de lui, ce qui a pour effet de rassembler la meute autour de lui. Toute la meute donne alors de la voix. À la vue de la proie, les chiens accélèrent. Ils n'ont pas un comportement individuel mais collectif, obéissant aux ordres du chasseur.

Haro sur les chiens harets

On trouve des chiens harets, c'est-à-dire des chiens domestiqués qui sont retournés à l'état sauvage, aux quatre coins du monde. Dans toutes les régions, rurales ou urbaines, il existe trois types de chiens : les chiens qui ont un propriétaire mais dont certains sont autorisés à aller et venir librement, les chiens errants, sans propriétaire depuis peu, et les véritables chiens harets qui vivent à l'état sauvage depuis longtemps, voire depuis toujours.

Ces dernières années, les chiens harets ont fait la une de la presse. En 2003, aux États-Unis, le *National Geographic News* titrait « Les États-Unis face à la crise des chiens harets » et des statistiques corroboraient le contenu de l'article en imputant à ces chiens le décès d'animaux de ferme pour une perte évaluée à 37 000 000 dollars. Mais le chien haret est-il le vrai coupable ? On estime que l'Italie abrite 800 000 chiens en liberté parmi lesquels seuls 80 000 sont considérés comme des chiens harets, la majorité d'entre eux étant constituée de chiens errants et de chiens autorisés à vagabonder par leurs propriétaires.

Colonies d'harets

Dans les Apennins, en Italie, une équipe de chercheurs a étudié sur le terrain une colonie de neuf chiens harets adultes. Entre 1984 et 1987, ils ont constaté que la colonie occupait un espace vital de 58 km^2. Les poubelles de trois villages représentaient la principale source de nourriture du groupe.

Les colonies de chiens harets se forment à partir de chiens errants et ne sont pas très soudées. Elles ont généralement un taux de reproduction et de survie des jeunes assez faible, d'où le rôle majeur des chiens errants des villages, attirés durant la période de reproduction, pour maintenir la taille de la colonie. L'étude a montré que sur les 40 jeunes nés au sein du groupe, seuls deux ont atteint l'âge adulte. Plus de 90 % sont morts 120 jours après leur naissance, la plupart suite à l'abandon de la tanière au bout de 2 à 3 mois. Les chercheurs en ont conclu que la colonie devait sa survie uniquement à l'afflux de chiens en liberté. Dans d'autres régions, le taux de survie des jeunes était plus élevé.

Dans le cadre d'une étude similaire, il a été découvert que les chiens qui vagabondaient dans les villages italiens formaient des petits groupes de 2 à 5 individus, tandis que les colonies de chiens harets qui battaient la campagne comprenaient jusqu'à 10 individus.

La presse s'est montrée alarmiste en affirmant que des chiens harets tuaient les animaux de ferme et la faune sauvage. Pourtant, les résultats des chercheurs prouvent que ces chiens doivent davantage leur survie à leurs talents de charognards que de prédateurs. En Italie, on s'est aperçu que les cas de décès d'animaux de ferme étaient davantage imputables aux chiens errants ou autorisés à vagabonder par leur propriétaire qu'aux chiens harets ou aux loups. Les chiens harets des zones rurales pouvaient former des groupes similaires aux meutes de loups, mais ils ne chassaient pas collectivement, se contentant de déchets alimentaires. De plus, la colonie ne se battait pas avec d'autres chiens.

Chien haret népalais

Limiter leur prolifération

Les chiens harets des zones rurales ne semblent pas représenter un réel danger pour les animaux de ferme et la faune sauvage. Les problèmes plus graves rencontrés en zones urbaines avec ces chiens sont largement dus à l'attitude irresponsable des propriétaires qui laissent leur animal aller et venir. Les tentatives visant à éliminer les chiens harets ruraux sont souvent vouées à l'échec, contrairement aux mesures prises pour limiter les vagabondages des chiens de village (surveillance des décharges, des clôtures plus efficaces).

En Australie, les chiens sauvages sont responsables de la perte de 30 % du bétail dans certaines régions. Pour limiter leur prolifération, les hommes les prennent au piège, les abattent, les empoisonnent ou construisent de véritables remparts – la « Dog Fence » est une clôture qui s'étend sur 5 600 km du sud-est du Queensland à l'ouest de l'Australie méridionale. La situation est rendue encore plus complexe par l'utilisation sans discernement du terme « chien sauvage » pour désigner à la fois les chiens harets, les dingos et les hybrides des deux.

Il y a quelques années encore les mesures de contrôle se réduisaient à une éradication pure et simple, mais aujourd'hui davantage de programmes reconnaissent le rôle capital joué par les propriétaires de chiens. Sur les îles Galapágos, plus de 2 000 chiens ont été stérilisés entre 2004 et 2006. Sur les îles Turks et les îles Caicos, on a distribué des colliers gratuits aux écoliers propriétaires de chiens pour les responsabiliser et éviter des mesures plus radicales. Les chiens porteurs d'un collier ont été stérilisés gratuitement, tandis que les chiens harets et les chiens errants ont été euthanasiés. Sur les 370 chiens capturés, 70 portaient des colliers. L'International Fund for Animal Welfare (IFAW) organise des programmes de stérilisation des chiens harets et des chiens errants en Russie, en Turquie et à Bali, entre autres.

L'irresponsabilité des propriétaires

Les chiens en liberté se rencontrent dans de nombreuses régions du globe. Environ 40 % des chiens ayant un propriétaire sont autorisés à vagabonder seuls. Même si les conditions urbaines sont plutôt défavorables à la formation de colonies, des groupes peuvent comprendre jusqu'à 17 chiens dont la moitié errent seuls, environ un quart en couples, 16 % par trois et 7 % par groupes de quatre ou cinq. Ces colonies urbaines peuvent être dangereuses, mais sont temporaires pour la plupart, contrairement aux groupes des zones rurales, plus stables et formés de cinq ou six individus.

10 Les chiens de villages

Comment les chiens ont-ils été domestiqués ? Les chasseurs préhistoriques ont-ils sélectionné des louveteaux plus dociles issus d'une meute dont le territoire coïncidait en partie avec le leur ? Les loups se sont probablement nourris des carcasses laissées par les hommes et, selon un système de sélection naturelle, les moins craintifs vis-à-vis des humains ont pu obtenir leur nourriture plus facilement.

Chiens villageois, dans le sud du Népal ; chien haret indien et vautours dévorant des carcasses

Croisements ou races anciennes ?

Les chiens des villages sont-ils des bâtards ou des corniauds ou doivent-ils être reconnus comme les descendants d'une lignée ancienne, bien antérieure à l'élevage sélectif moderne qui ne date que du XVIIIe siècle ? Les races actuelles peuvent retrouver leur type d'origine à travers des croisements et dans de nombreuses parties du globe des chiens de villages actuels à la lignée ancienne se mélangent à des races sélectionnées.

Dans les temps anciens, il semble que l'homme n'ait jamais cherché à domestiquer des espèces animales. Les chats domestiques seraient apparus avec l'exploitation de terrains vagues autour des premières villes issues d'une surproduction agricole : « Comme dans la plupart des histoires de domestication de telle ou telle espèce, l'homme n'a joué qu'un rôle partiel et, si nous prenions suffisamment de recul, nous ne parlerions pas de « domestication » mais de « dépendance symbiotique, de relation d'intérêt mutuel. »

Ce mécanisme aurait permis la transformation évolutive du loup en chien domestique lors de l'apparition des villages u mésolithique (10 000 ans avant notre ère). Aujourd'hui, aux quatre coins du monde, les chiens de villages qui errent seuls en faisant les poubelles ont des points communs notables : un poids inférieur à 13,5 kg, une taille comprise entre 43 et 46 cm, un poil ras et lisse et des oreilles bien droites. Ils vivent à proximité des hommes, mais ne sont pas des animaux familiers. Le chat qui se serait reproduit avec un succès optimal est le chat de gouttière, le chat des rues, le chat des fermes – bref, le chat commun. Cette hypothèse s'applique aussi au chien de village, bâtard ou corniaud.

Mais il subsiste un problème chronologique : les villages sont-ils apparus suffisamment tôt pour être la clé de la domestication ? L'agriculture remontait à 10 000 ans, lors de l'apparition des villages et des déchets alimentaires, alors que les premiers chiens seraient apparus il y a 14 000 ans. Les chasseurs préhistoriques ont établi des campements bien avant cette époque, mais de façon transitoire. Les plaines où ils chassaient, de verts pâturages, ont attiré les animaux brouteurs (les premiers moutons domestiques sont apparus il y a 11 000 ans), ce qui a favorisé leur sédentarisation. C'est peut-être à cette époque que les territoires des loups et des hommes se sont rencontrés, marquant le début de leur relation, les carcasses d'espèces brouteuses abandonnées par les hommes constituant une source de nourriture. La sélection des premiers chiens à partir des loups les moins méfiants se serait alors produite sur ces « décharges à ciel ouvert ».

Canidé rime avec communiquer 11

Les modes de communication du chien sont hérités du loup, mais se sont transformés au contact de l'homme, en particulier chez les races à la morphologie très différente de celle de leurs ancêtres. Les postures fondamentales, les positions de la queue et des oreilles, sont innées et dépendent de la morphologie et du comportement de l'animal ; ce langage corporel s'exprime au cours du développement du chiot et des jeux sociaux au sein de la portée.

Labrador noir x Springer anglais ; Terriers écossais

Nous repérons facilement les signaux de communication les plus visibles du chien : aboyer, remuer la queue. Certes, ils sont importants, mais d'autres sont tout aussi significatifs.

Comme les loups, les chiens passent beaucoup de temps à se reposer, mais ceux qui vivent auprès de l'homme sommeillent presque toute la journée puisqu'ils n'ont pas à chasser ni à faire les poubelles pour se nourrir et leurs déplacements sont limités. Alors, quand votre chien est au repos, essayez de connaître son humeur en observant sa posture.

Un chien couché sur son arrière-train, les pattes antérieures tendues en avant, n'est pas dans les mêmes dispositions qu'un chien qui sommeille étendu sur le flanc. Le premier est en éveil, prêt à suivre son maître si ce dernier passe devant lui, alors que le second est beaucoup moins prêt à réagir. Le premier se lèvera aussitôt à la moindre sollicitation, alors que le second mettra plus de temps.

Se rencontrer et se saluer

La première réaction de deux chiens qui se rencontrent et ne se connaissent pas est de rester sur la défensive, nez contre nez, à se renifler. Les femelles ont tendance à demeurer face à face, alors que les mâles se reniflent l'arrière-train.

LES CANIDÉS SAUVAGES

Ces animaux utilisent un langage pour assurer la cohésion des individus au sein de la meute : ils remuent la queue, gémissent et se lèchent mutuellement, comme le font les jeunes au retour de chasse de leurs parents ou de leurs « Helpers ».

Ce comportement s'observe en particulier chez les lycaons qui ont un rituel d'accueil complexe qui accompagne en général la régurgitation de la nourriture avalée.

Le mâle dominant d'une meute de loups peut se battre avec les individus qui convoitent sa position et les femelles peuvent se battre entre elles pour obtenir le statut de la seule femelle dominante autorisée à se reproduire. Mais une fois que la hiérarchie sociale est établie, elle est acceptée par tous les individus et reconnue quand les animaux se rencontrent. Le mâle dominant garde les oreilles dressées, tandis que le dominé montre son rang inférieur en aplatissant ses oreilles vers l'arrière et en gardant la queue basse. Un dominé s'approche du museau d'un dominant de côté.

Si un loup dominant saisit dans ses mâchoires la gueule d'un loup de rang inférieur, ce dernier montre sa soumission en s'abstenant de répliquer et en faisant une sorte de grimace. Ce comportement peut aussi être une mesure d'apaisement comparable à la demande de nourriture d'un jeune.

12 Parler chien

Les chiens ont un langage corporel développé constitué de postures, de mouvements de queue et de mimiques faciales. Malheureusement, les races actuelles ont plus de mal que leurs ancêtres à exprimer clairement leurs intentions en raison des nombreuses transformations dues à l'élevage sélectif : des poils trop longs, par exemple, les empêchent de les hérisser ou d'établir un contact visuel. Pour compenser, ils communiquent davantage par l'odorat et l'ouïe.

Quand des chiens (ou des loups) se rencontrent, ils se reniflent l'arrière-train pour s'informer sur leur statut sexuel et leur identité. C'est pour la même raison que les chiens reniflent souvent les parties génitales de vos visiteurs !

En vivant à nos côtés, les chiens adultes nous considèrent comme leur chef de meute et prennent des postures proches de celles des chiots. La persistance, chez un chien adulte, de caractères juvéniles (comme le jeu), s'appelle la « néoténie ». En rentrant chez vous, votre chien vous accueille en levant son arrière-train et en baissant sa tête et ses épaules ; il remue la queue et émet un petit aboiement qui signifie : « Alors, tu viens jouer avec moi ? »

Border Collie ; Loups gris

LES VOCALISES

Les chiens ont un langage vocal très étendu de grognements, de grondements, de gémissements et de hurlements en plus de leur cri, l'aboiement. Ce dernier n'est pas seulement un cri d'alerte et de menace ; il peut aussi exprimer la bienvenue, l'invitation au jeu et la recherche d'attention – le son émis sera alors différent.

- Le chien peut aboyer pour menacer à distance un intrus qui cherche à s'approcher. L'aboiement est répété tant que le chien se sent menacé, mais souvent avec de courtes pauses destinées à réévaluer la situation. Si l'intrus continue de s'approcher, l'aboiement change de nature, devenant plus agressif et plus frénétique et s'entrecoupant de grondements et de gestes d'attaque.
- L'aboiement en signe d'alerte est habituellement repris en chœur par d'autres chiens du voisinage. Les chiens montrent qu'ils sont en éveil, mais aussi qu'ils ont envie de se joindre aux autres, comme on peut l'observer au sein d'une meute de chiens courants ou de chiens gardés dans un chenil.
- Le grognement est destiné à transmettre un message important : s'il est grave, il sert à intimider, mais s'il est aigu, il exprime un manque de confiance. S'il se transforme en gémissement, il révèle une intention de soumission, l'inverse du grognement menaçant du chien dominant. Si vous avez besoin de montrer à votre chien que c'est vous le maître, prenez donc une voix grave pour affirmer votre autorité. Les geignements sont un signe de soumission ou de souffrance.
- Bien sûr, les sons produits par des chiens de grande taille sont différents de ceux produits par des chiens de petite taille dont l'aboiement est souvent appelé « jappement ». D'ailleurs, les chiens entre eux tiennent compte de ce critère pour évaluer le degré de menace d'un aboiement.
- Les loups hurlent pour établir un contact entre eux alors que les chiens hurlent généralement quand ils sont seuls et en manque de contact, que ce soit avec l'homme ou des congénères. On dit alors qu'ils hurlent à la lune ou à la mort.

13

Des postures parlantes

Dans le cadre d'une relation normale et réussie entre l'homme et le chien, le chien doit voir en l'homme le dominant et coopérer avec lui de façon soumise. En principe, notre taille nous confère naturellement ce rôle et la plupart des chiens se soumettent volontiers à leur maître auprès duquel ils trouvent une sécurité rassurante. Toutefois, des rapports harmonieux entre dominant et dominé supposent une relation de compréhension mutuelle.

Des mouvements aisés et fluides sont plutôt le signe d'un chien calme et détendu, alors que des mouvements raides et saccadés expriment le malaise ou l'agressivité. Si votre chien se sent mal ou déprimé, il sera moins dynamique, aura la tête plus basse que d'habitude et se montrera moins intéressé par la nourriture.

La survie du loup dépend de sa meute, d'où un esprit grégaire inné chez le chien. Une agressivité débridée ne pourrait se manifester que si la survie de l'individu ne dépendait pas de l'efficacité de la meute, d'où la nécessité de la temporiser au sein d'un groupe. Comment ? Par l'existence d'un comportement de soumission.

Le chien soumis qui s'approche d'un congénère dominant avance à ras du sol, la tête basse, balance ses épaules, baisse la queue et la remue vigoureusement avant de lécher la face de son congénère ou de frotter son nez contre le sien. Ce comportement rappelle celui du chiot qui approchait sa mère. D'ailleurs, les maîtres sont souvent accueillis de cette façon par leur animal.

En faisant profil bas, le chien montre sa soumission – il peut aussi se coucher et se rouler sur le dos en exposant son ventre à une attaque potentielle ; parfois il se met à uriner.

LA QUEUE

- Un chien qui remue la queue est souvent synonyme de chien heureux : quand vous rentrez à la maison, le chien montre ainsi qu'il est content de vous voir.
- Si votre chien remue sa queue tenue à mi-hauteur avec une certaine décontraction, c'est qu'il veut des contacts, par exemple que vous jouiez avec lui. Cependant, remuer la queue n'est pas forcément un signe de contentement ; il peut être un signe d'excitation et, si votre chien remue sa queue rapidement et vigoureusement en la raidissant à la verticale, il peut s'apprêter à vous agresser.
- Un balancement de queue plus lent et plus marqué peut également exprimer une intention agressive et, s'il est associé à un hérissement des poils, méfiez-vous.
- Si le chien remue sa queue entre les jambes, il montre sa soumission ou sa crainte. Ce mouvement est souvent associé à d'autres comportements de soumission.

Décoder les signaux

Un propriétaire doit comprendre les signaux émis par son chien. Ces deux jeunes chiens (à droite) se rencontrent pour la première fois. L'Épagneul se tient bien droit sur ses pattes, légèrement penché en avant, la queue relevée et le regard fixé sur le jeune terrier pour l'intimider ; ce dernier exprime son inquiétude en aplatissant ses oreilles vers l'arrière, en écarquillant les yeux et en ayant un mouvement de recul.

Terrier Jack Russell et Springer anglais

14 Une mimique qui en dit long

Les propriétaires de chiens qui entretiennent une longue relation d'affection avec leur animal disent qu'ils perçoivent une confiance absolue dans son regard. Mais si vous possédez un chien dominant avec lequel vous n'avez pas établi de bonnes relations, vous risquez de susciter une réaction agressive de sa part en le fixant des yeux.

Un chien dominant a tendance à fixer du regard un chien dominé qui, lui, détourne les yeux. Les chiens de berger ont l'habitude de regarder fixement les moutons pour les intimider, comme les loups ou les chiens de chasse le font avec leur proie. Un chien effrayé écarquille les yeux, les pupilles dilatées, le blanc des yeux bien visible.

Un chien dominant qui veut affirmer sa supériorité face à un congénère va avancer sa tête, alors qu'un chien intimidé va la reculer. Quand un dominant montre les dents, il retrousse ses babines et laisse voir ses grosses canines et sa rangée d'incisives tout en émettant des grondements.

Ces signaux sans équivoque servent souvent à éviter l'affrontement, car le chien de nature plus soumise a tendance à battre en retraite. Ils peuvent aussi servir à régler les disputes entre les chiens d'un même foyer. Ce type de comportement peut être intimidant de la part d'un chien dominant possessif qui refuse que son maître s'approche de son fauteuil ou de son écuelle. Cependant, toutes les expressions faciales ne sont pas des signes d'agressivité ou de soumission et quand le chien est détendu, ses muscles faciaux sont relâchés.

La position des oreilles est très révélatrice des intentions de l'animal, mais difficile à interpréter chez les chiens aux grandes oreilles pendantes comme le Basset Hound ou l'Épagneul. Quand votre chien est en éveil et observe vos moindres faits et gestes, ses oreilles sont dressées (ou, du moins, aussi dressées que la race le permet) et, en cas de conflit entre deux chiens, le sujet dominant pointe ses oreilles vers l'avant, alors que le dominé les plaque en arrière. Un chien réprimandé aplatit aussi ses oreilles vers l'arrière en signe de soumission.

Chez les ancêtres sauvages du chien, des signaux suffisamment clairs étaient indispensables à la survie, à la chasse et à l'établissement d'une hiérarchie sociale. Mais alors que les intentions d'un Buhund norvégien (ci-dessus) sont faciles à deviner par ses congénères, les fortes bajoues et les nombreux plis et replis cutanés autour des yeux du Basset (ci-contre, à droite) rendent les expressions de cette race difficiles à interpréter.

LA SÉCURITÉ DES JEUNES ENFANTS

Des études récentes montrent que les enfants âgés de moins de quatre ans ont du mal à interpréter les comportements des chiens, car ils se concentrent uniquement sur la tête au lieu de voir tout le corps.

À quoi reconnaît-on une expression faciale « neutre » ?

- *Attitude neutre :* expression faciale détendue
- *Accueil d'un humain familier :* oreilles relâchées, gueule entrouverte et relâchée, grimace de bienvenue

À quoi reconnaît-on une expression faciale « à risque » ?

- *Attitude face à une menace :* oreilles dressées, regard fixe, plissement du nez, gencives découvertes, queue levée et poil hérissé (n'avancez surtout pas, risque d'attaque !)
- *Attitude de soumission ambivalente :* oreilles plaquées en arrière mais tête plus relevée, regard fixe, « rictus de tension » avec retroussement des babines.

Je laisse mon odeur, donc « je suis » 15

Les chiens utilisent les marquages odorants pour obtenir des informations sur des congénères dans le voisinage. Ils lèvent une patte pour uriner contre un arbre et tentent de « recouvrir » le message odorant laissé par les excréments d'un congénère en déféquant à leur tour dessus ou à proximité. Quand deux chiens se rencontrent, ils se reniflent les parties génitales pour connaître leur identité et leur état sexuel.

Le marquage urinaire est un comportement typique des mâles, en particulier des mâles dominants présentant un taux de testostérone élevé. Mais il est naturel : le chien a besoin de marquer son territoire. (Les femelles urinent parfois comme les mâles pour marquer leur territoire, mais rarement contre des réverbères ou d'autres supports verticaux.)

Le territoire du chien, comme celui du chat, est la zone qu'il défend contre les intrus, tandis que le domaine vital est l'espace qu'il habite. Toutefois, la mobilité relative de la meute ancestrale a rendu les chiens moins préoccupés par la défense du territoire que par la protection de la meute.

Les chiens défendent vigoureusement l'espace qu'ils occupent dans nos maisons et nos jardins, en particulier les zones stratégiques telles que les portes, les portails et les clôtures. Ils le considèrent comme un espace partagé et sécurisé dont la propriété confère à leur meute un sentiment de confiance. Pourtant, en raison de la mobilité de leurs meutes d'antan et de leur « meute » actuelle, nos chiens défendent et marquent tous les espaces qu'ils occupent.

Le marquage urinaire ne se limite pas au territoire : les mâles dominants ponctuent leurs promenades quotidiennes par des marquages à intervalles réguliers. Il faut distinguer les jets d'urine destinés au marquage du territoire des mictions physiologiques, les premiers représentant un volume plus faible et étant précédés de nombreux reniflements visant à détecter et décrypter d'autres marquages odorants.

Après avoir uriné pour marquer son territoire, le chien gratte le sol à l'aide de ses pattes antérieures et postérieures. En général, il ne gratte pas l'endroit qu'il vient de marquer, mais la zone adjacente, pour créer un signal visuel qui attire l'attention de ses congénères sur son marquage odorant.

Le marquage est une affirmation de dominance et de propriété. Quand un nouveau venu dans le quartier laisse son odeur, les chiens du quartier réalisent des marquages plus fréquents pour réaffirmer leur propriété territoriale.

Le marquage n'a pas de frontière territoriale bien précise : il est effectué plus largement à travers l'espace revendiqué par l'animal, car sa propre odeur le rassure sur son droit d'être là. Les marquages odorants de congénères qu'il détecte lui prouvent la présence d'autres chiens dans les parages et, s'il est dominant, constituent pour lui une provocation à l'égard de sa supériorité hiérarchique. Mais ces traces le renseignent aussi sur l'état de réceptivité sexuelle des femelles du quartier. Les marquages urinaires réalisés par des mâles immatures sexuellement ne sont pas odorants et n'ont pas de valeur de communication. Ils le deviennent à la puberté.

Des postures inhabituelles

Les chiens font preuve d'une inventivité incroyable en adoptant toutes sortes de postures pour uriner : la plus courante consiste à lever une patte postérieure contre un arbre ou un réverbère, la plus acrobatique à prendre appui sur les pattes antérieures pour lever les pattes postérieures contre un support vertical - un appui renversé ou, plus exactement, un « équilibre sur pattes ». Certains chiens prennent appui sur leurs antérieurs, s'accroupissent, puis lèvent leur postérieur. !

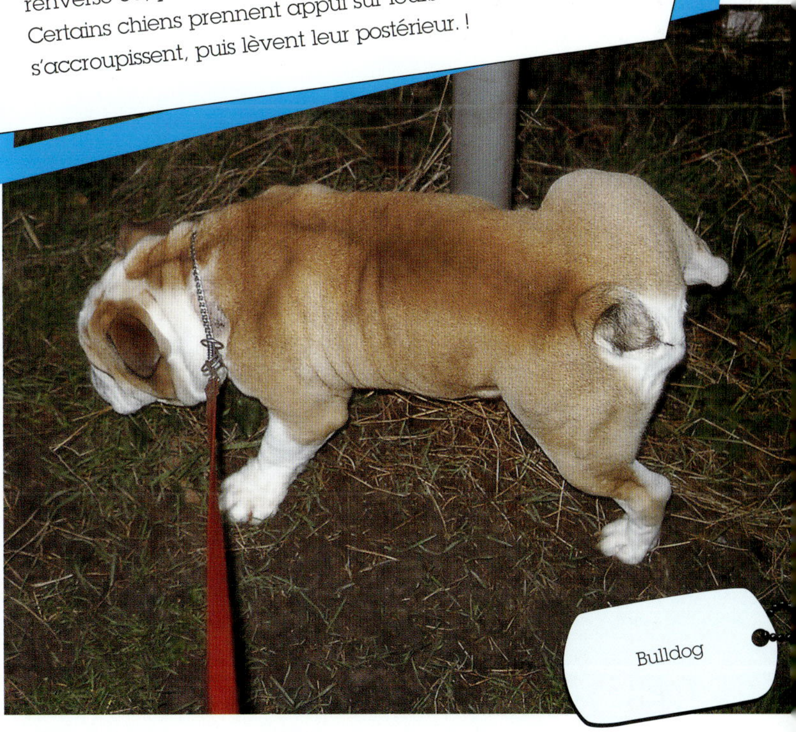

Bulldog

Shiba et Samoyède

Pékinois et Cavalier King Charles

2

Histoires de races

Dalmatien

16 À chaque race, sa fonction…

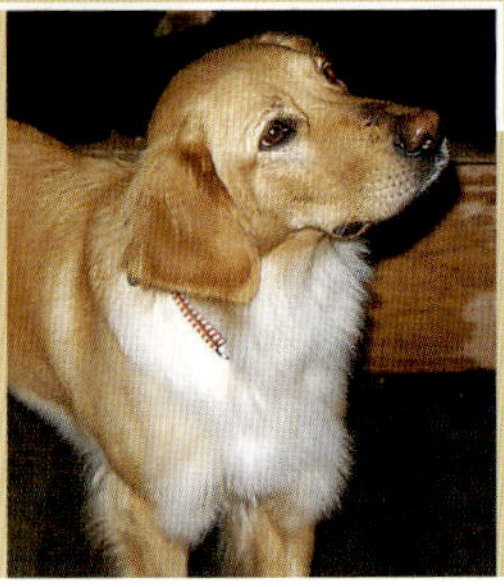

Issues des lignées de molosses et de lévriers qui constituaient les deux types de base, de nombreuses races sont apparues au cours des siècles. Les races les mieux adaptées à un climat donné ont survécu – les chiens à poil épais résistaient mieux au froid, par exemple. Les races se sont multipliées par une sélection naturelle et artificielle qui a conduit les chiens à remplir différentes fonctions – le Hovawart (à gauche), était autrefois utilisé pour garder les fermes allemandes.

Les races ont été réparties en différents groupes, mais il ne s'agit pas d'une classification universelle, chaque organisation internationale possédant sa propre nomenclature des races canines. En France, la Société centrale canine (SCC) a adopté un classement en 10 groupes établi par la Fédération cynologique internationale (FCI), tandis que le Kennel Club (KC) britannique et l'American Kennel Club (AKC) n'admettent que 7 groupes.

Les 10 groupes de la FCI sont : les bergers et les bouviers ; les pinschers, les schnauzers, les molosses et les bouviers suisses ; les terriers ; les teckels ; les nordiques et les spitz ; les chiens courants ; les chiens d'arrêt ; les leveurs et rapporteurs ; les chiens de compagnie ; les lévriers.

Les 7 groupes du KC sont : les chiens courants ; d'arrêt, leveurs et rapporteurs ; les terriers ; les chiens de travail ; de berger ; d'utilité ; les chiens de compagnie.

Les 7 groupes de l'AKC sont : les chiens courants ; les chiens sportifs ; les terriers ; les chiens de travail ; les chiens de troupeau ; les chiens non sportifs ; les chiens de compagnie. La présentation choisie ici est un mélange des différentes classifications.

Autres classifications

En 1755, Buffon a classé les chiens en fonction de la forme de leurs oreilles et au XIXe siècle, Cuvier les a classés selon la forme de leur crâne. Une nouvelle nomenclature basée sur l'étude de l'ADN des chiens émerge actuellement (cf. page 17).

AU-DELÀ DES « RACES »

Aucune nomenclature ne peut rendre parfaitement compte de l'incroyable diversité des races canines.

D'abord, le nombre de races identifiées est bien supérieur à celui des races enregistrées : Desmond Morris en a étudié plus de 1 000. Ensuite, une race peut appartenir à un groupe différent selon les nomenclatures : par exemple, la FCI classe le caniche dans les chiens de compagnie, le KC dans les chiens d'utilité et l'AKC dans les chiens non sportifs. Pourtant, ce chien était autrefois utilisé comme chien de chasse dans les marais pour rapporter le gibier d'eau – d'ailleurs, cet emploi lui a valu le surnom de « chien à cane » ou « canichon », à l'origine de l'appellation « caniche » (cf. page 141).

Spitz japonais

... et son comportement

Les comportements des races ont été modifiés par la sélection. Par exemple, l'instinct de chasse et l'agressivité des chiens de berger ont été inhibés ; les lévriers (tels le Barzoï et le Greyhound) ont été sélectionnés pour la chasse en raison de leur vision excellente et les chiens courants (tel le Saint-Hubert) grâce à leur odorat exceptionnel ; quant à la sélection des chiens de garde et d'attaque, elle s'est toujours faite sur la taille (tel le Kuvasz, à droite).

Les races traditionnellement employées pour la chasse (le Beagle, le Basenji, le Cocker et le Terrier) obtiennent de meilleurs résultats aux tests comportementaux les incitant à accomplir certaines tâches indépendamment d'une récompense alimentaire que le berger des Shetland, sélectionné pour exécuter des tâches complexes sur l'ordre du berger.

Les différences comportementales entre les races sont perceptibles au cours de l'éducation. Le Basenji se montre au départ farouchement hostile à la laisse, mais finit par l'accepter au bout d'une dizaine de jours après avoir, non pas aboyé, mais hurlé pour se plaindre. Le berger des Shetland n'accepte pas facilement la laisse, mais serpente entre les jambes de son maître dès le début de son éducation. En revanche, l'Épagneul, le Beagle et le Terrier acceptent très vite d'être tenus en laisse.

Le cocker est globalement facile à éduquer, contrairement au Basenji et au Beagle. Entre ces deux extrêmes, le Berger des Shetland et le Fox-Terrier à poil dur se révèlent performants pour certaines tâches et beaucoup moins bons pour d'autres.

Même si la race et le sexe du chien déterminent largement ses traits comportementaux, chaque chien est unique et sa personnalité dépend beaucoup de ses expériences passées, en particulier de ce qu'il a vécu dès son plus jeune âge (qualité de la socialisation du chiot). Votre chien peut être dominant ou soumis, confiant ou anxieux, coopératif ou peu coopératif, mais sachez que la plupart des chiens sont tout cela à la fois.

Certaines différences marquées entre les races, qu'elles soient morphologiques ou comportementales, sont héréditaires. Même si l'homme n'a cessé d'opérer des sélections au fil des siècles, l'établissement de standards très stricts propres à chaque race ne date que de la seconde moitié du XIXe siècle, avec l'apparition des expositions canines. Les implications ne concernent pas tant les origines du chien que l'orientation à donner à la sélection dans le cadre de l'élevage. Les races qui, autrefois, étaient sélectionnées pour leur agressivité, peuvent être rendues plus dociles par une sélection visant à obtenir un caractère plus doux et plus soumis (cf. page 71).

DES ADULTES PROCHES DES CHIOTS

Certains chiens adultes affichent une face en pointe, typiquement lupoïde, tandis que d'autres, tel le chien de montagne des Pyrénées, conservent les oreilles tombantes et la gueule arrondie caractéristiques du chiot.

Ce gardien de troupeaux n'a guère un comportement de prédateur, contrairement au Greyhound. Entre ces deux extrêmes, les chiens d'arrêt, leveurs et rapporteurs de gibier tels les Épagneuls chassent, mais ont été dressés pour ne pas tuer la proie. La grande diversité des formes de tête des chiens adultes est due à des différences du rythme de croissance : par exemple, celui du crâne d'un berger allemand est similaire à celui de son ancêtre, le loup. En revanche, chez le Bulldog, à la tête ronde, les cornets osseux du nez se développent très lentement, ce qui fait remonter le palais. Ces différences du rythme de développement à l'origine des différences physiques entre les races s'appellent « l'hétérochronie ». Quant à la néoténie, c'est un ralentissement du développement morphologique aboutissant à la subsistance de formes infantiles à l'âge adulte. La croissance des os des membres est aussi touchée, d'où les différences de hauteur au garrot entre les races.

Cocker

18 Chiens courants et lévriers

Ces chiens sont issus des premiers chasseurs à vue du Moyen-Orient. Les chasseurs à vue ont produit une lignée de lévriers, chiens courants rapides et à poil soyeux, tels le Greyhound, le Saluki et le Lévrier afghan, alors que les chasseurs au nez, les fins limiers, ont donné des chiens moins rapides mais plus endurants. Des meutes ont été formées au Moyen Âge pour chasser le cerf royal et, des siècles plus tard, le renard.

Basenji

Taille :
mâle 43 cm
femelle 40 cm

Poids :
mâle 11 kg
femelle 9,5 kg

Ce chien de chasse qui vivait déjà dans l'Antiquité n'aboie pas, mais n'est pas silencieux pour autant : quand il s'excite, il émet des vocalises évoquant les chants tyroliens.

Caractère : le Basenji peut se montrer très indépendant et distant, en particulier à l'égard des étrangers. Toujours en éveil, il a du mal à s'habituer à la laisse et, surtout lorsqu'il est jeune, peut s'avérer incapable de contrôler son envie de mordiller des objets. Au sein du foyer, il a tendance à vouloir dominer ses congénères. Très curieux, c'est un compagnon plein de vie. D'une propreté irréprochable, il ne dégage aucune odeur puisqu'il se toilette aussi soigneusement qu'un chat !

Exercice : il aime être promené d'un bon pas, mais son besoin d'exercice reste modéré. Il déteste le froid et l'humidité.

Toilettage : minimal.

Lévrier afghan

Taille :
mâle 74 cm
femelle 69 cm

Poids :
mâle 27 kg
femelle 22,5 kg

Ce chien spectaculaire descend des chasseurs à vue qui poursuivaient et capturaient leurs proies dans les zones montagneuses d'Afghanistan. Il constitue probablement une variété à poil long du Saluki mieux adaptée au froid.

Caractère : le Lévrier afghan arbore toujours une allure altière et élégante. Bien qu'affectueux, il est volontiers dominateur. Si son maître ne s'est pas imposé dès le départ comme « chef de meute », il aura tendance à ignorer ses ordres et à rester farouchement attaché à son indépendance. De plus, il tend à ignorer les visiteurs.

Exercice : sportif, il a besoin de beaucoup d'exercice et adore courir.

Toilettage : un long toilettage quotidien est indispensable pour éviter les nœuds de son poil magnifique.

Greyhound

Taille :
mâle 76 cm
femelle 71 cm

Poids :
mâle 32 kg
femelle 27 kg

Considéré comme la race canine la plus ancienne, le Greyhound est le mammifère le plus rapide après le guépard. Chien attitré des rois d'Angleterre, il était utilisé pour chasser, poursuivant ses proies à une vitesse pouvant atteindre 64 km/h avant de bondir dessus.

Caractère : malgré sa constitution athlétique, ce chien est doux et affectueux. Un Greyhound retraité des compétitions s'adapte facilement à la vie au foyer et aux autres animaux, excepté des petits mammifères qu'il a tendance à chasser, comme les chats. C'est pourquoi vous devez envisager de lui réserver des espaces ouverts où il pourra se dépenser en toute sécurité.

Exercice : il a besoin de courir, mais il est mieux adapté aux courses rapides qu'aux courses d'endurance.

Toilettage : minimal.

Les tailles et les poids notés ici n'ont qu'une valeur indicative. La taille des chiens est mesurée au garrot (cf. pages 10-11)

Le plus grand chien du monde a besoin d'espace, cela va sans dire. Le lévrier irlandais aurait été utilisé à l'origine pour chasser le loup qu'il aurait contribué à éradiquer en Irlande dès la fin du XVIIIe siècle.

Caractère : le Lévrier irlandais est un géant pacifique. Agréable compagnon pour la famille, il accepte volontiers les autres animaux du foyer et les enfants, même s'il risque de renverser les plus jeunes par sa grande taille. Bien qu'il puisse se montrer particulièrement calme à la maison, faites attention en le promenant, car ce chien imposant est difficile à maîtriser si son instinct de chasseur a été mis en éveil.

Exercice : il aime les courses rapides et les longues promenades.

Toilettage : son poil rude nécessite un entretien régulier.

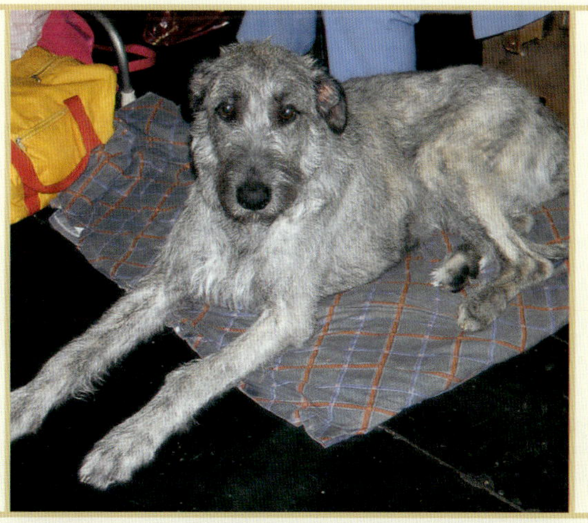

Lévrier irlandais

Taille :
mâle 79 cm
femelle 71 cm

Poids :
mâle 55 kg
femelle 41 kg

Le Basset Hound n'est pas un champion de la vitesse, mais un limier réputé, déterminé et tenace. Court sur pattes, il était utilisé dans la vénerie à pied. Issu des Bassets français, il a été croisé avec le Saint-Hubert en Angleterre au XIXe siècle, ce qui a produit des chiens courants au regard triste et aux oreilles particulièrement longues.

Caractère : placide, équilibré et affectueux, ce chien n'est jamais agressif. En revanche, s'il est sur la piste du gibier, il peut se montrer particulièrement têtu. Peu excitable, il a besoin d'une éducation ferme, mais n'affiche jamais de comportement destructeur. Doté d'une voix profonde et mélodieuse, c'est un chien au caractère bien trempé.

Exercice : régulier.

Toilettage : peu exigeant.

Basset Hound

Taille :
mâle 38 cm
femelle 33 cm

Poids :
mâle 23 kg
femelle 20 kg

Selon la nomenclature de la FCI, les teckels constituent un groupe à eux seuls, alors que le KC et l'AKC les classent dans les chiens courants. Leurs ancêtres sont probablement des chiens courants, mais ayant été sélectionnés pour déterrer les blaireaux, ils sont utilisés comme des terriers. Il existe différentes variétés de teckels, mais la variété la plus attrayante est celle à poil long. Doté d'un dos long et de courtes pattes, ce chien est sujet aux pathologies vertébrales.

Caractère : doux, affectueux et généralement agréable à vivre, le teckel fait pourtant un bon chien de garde qui n'hésite pas à alerter son maître et à défendre vigoureusement son territoire.

Exercice : régulier pour leur éviter de prendre du poids.

Toilettage : la variété à poil long exige un entretien régulier, car leur poil traîne facilement par terre.

Teckel

Taille (standard) :
20 à 25 cm

Poids (standard) :
9 à 12 kg

19 Chiens d'arrêt, leveurs et rapporteurs

Ces chiens constituent une catégorie parfaitement reconnaissable dont la mission était, à l'origine, d'aider l'homme à chasser et rapporter le gibier. Ni trop excitables ni trop bruyants, ils font d'agréables compagnons. Deux des races les plus populaires du monde, le Labrador Retriever et le Golden Retriever, appartiennent à cette catégorie.

Les chiens d'arrêt, leveurs et rapporteurs de gibier ont été sélectionnés et dressés pour accomplir à la chasse d'autres fonctions que la poursuite du gibier : les pointers repèrent

Setter irlandais rouge et blanc

Taille :
mâle 69 cm
femelle 63 cm

Poids :
mâle 29 kg
femelle 27 kg

Le Setter irlandais rouge et blanc est la variété la plus ancienne d'Irlande. Il est plus populaire que le setter rouge, car les zones blanches de son poil le rendent plus facilement identifiable et donc moins susceptible d'être abattu accidentellement. Les deux variétés sont d'une énergie débordante pour localiser le gibier à plumes avant de s'immobiliser et de se coucher.

Caractère : ce chien est réputé enjoué, expansif et affectueux. Très athlétique. Son éducation ne doit pas être trop ferme et peut durer un peu plus longtemps que celle des autres chiens de sa catégorie, mais une fois formé, le setter irlandais est parfaitement fiable. La variété rouge et blanche est moins excitable que la variété rouge.

Exercice : il a besoin d'assouvir son besoin d'exercice.

Toilettage : minutieux et régulier pour éliminer la boue.

Épagneul breton

Taille :
mâle 53 cm
femelle 49 cm

Poids :
mâle 15 kg
femelle 14 kg

L'Épagneul breton est le plus petit des Épagneuls français. « Un maximum de qualités pour un volume minimal », telle est la devise du club pour ce chien peu encombrant. C'est essentiellement un chien d'arrêt et rapporteur de gibier : ce petit chien régional a été croisé avec des setters et des pointers anglais au 19e siècle, ce qui fait de lui un chasseur polyvalent.

Caractère : actif et énergique, l'Épagneul breton aime plaire, ce qui se traduit sur le terrain par une étroite collaboration avec son maître et à la maison par une nature affectueuse. Même s'il est joueur et de compagnie agréable pour les autres animaux et les enfants, certaines lignées ne présentent pas ces qualités, alors soyez prudent.

Exercice : il a besoin de se dépenser régulièrement et possède une endurance remarquable.

Toilettage : peu exigeant.

Labrador Retriever

Taille :
mâle 58 cm
femelle 56 cm

Poids :
mâle 26 kg
femelle 24 kg

Plus couramment appelé Labrador, le Labrador Retriever est l'une des races canines les plus populaires. Malgré une image « haut de gamme », ses origines sont modestes : issu du chien de Saint Jones qui vivait sur l'île de Terre-Neuve, il assistait les pêcheurs pour récupérer les poissons échappés des filets. Il a ensuite séduit les chasseurs par son talent à rapporter les proies dans sa gueule avec délicatesse.

Caractère : il est réputé pour sa fiabilité et son dévouement. En général, il adore les enfants et la vie de famille.

Exercice : il a besoin d'une dépense physique intense et régulière. Sinon, il risque de développer des troubles du comportement tels des mordillements destructeurs. C'est un chien qui aime l'eau.

Toilettage : son sous-poil imperméable et son poil court et dense sont faciles à entretenir par un brossage régulier.

le gibier à plumes et marquent un arrêt en pointant leur nez dans sa direction ; les setters localisent le gibier, puis s'immobilisent et se couchent pour laisser le chasseur tirer ; les Épagneuls d'origine britannique lèvent le gibier, c'est-à-dire le font partir ; quant aux retrievers, ils retrouvent et rapportent le gibier.

Les tailles et les poids notés ici n'ont qu'une valeur indicative. La taille des chiens est mesurée au garrot (cf. pages 10-11)

C'est un très beau chien, animal de compagnie et chien de chasse. La race a été développée au milieu du XIXe siècle à partir du croisement d'un retriever à poil plat et d'un tweed water spaniel.

Caractère : gentil, doux, intelligent, équilibré, fidèle, il adore les enfants. Facile à éduquer, il aime le travail sur le terrain et conserve une nature joueuse. Peu dominant à l'égard de son maître, il n'est pas agressif à l'égard des autres chiens. Même s'il fait un bon chien de garde, il n'est pas trop aboyeur.

Exercice : il adore travailler en plein air et apprécie les longues promenades d'un bon pas, de préférence si elles lui offrent l'occasion de se baigner.

Toilettage : son poil et son sous-poil nécessitent un brossage quotidien. Ses franges et sa queue ont besoin d'être peignées et débarrassées de la boue.

Golden Retriever

Taille :
mâle 60 cm
femelle 56 cm

Poids :
mâle 36 kg
femelle 24 kg

Également appelé Vizsla, ce beau chien est le chien national des Hongrois. Il possède une superbe robe aux différents dégradés de froment doré et une réputation à la fois de pointer et de retriever dans son pays d'origine. Ses ancêtres remonteraient à l'arrivée des Magyars en Europe il y a plus d'un millénaire.

Caractère : à la fois vif, doux et sensible, ce chien intelligent et facile à éduquer doit recevoir une éducation douce mais ferme.
Très affectueux, il peut se montrer un peu trop protecteur ou turbulent et destructeur s'il ne se dépense pas suffisamment.

Exercice : il a besoin de se dépenser et adore nager.

Toilettage : son poil court, dense et lustré est facile à entretenir avec une brosse solide. La variété à poil long, plus rare, exige un brossage quotidien.

Braque hongrois

Taille :
mâle 64 cm
femelle 60 cm

Poids :
mâle 30 kg
femelle 25 kg

Son rôle traditionnel est de pousser le gibier à s'envoler, ce qui s'appelle « lever le gibier ». Le volatile était autrefois capturé par les faucons ; aujourd'hui, il est tiré par les chasseurs. Ce grand épagneul d'origine britannique serait à l'origine de tous les spaniels, le clumber excepté.

Caractère : agréable, enjoué et enthousiaste, le springer anglais est très joueur. Sa nature docile le rend facile à éduquer et il se montre très patient avec les enfants. Sociable, il fait généralement un bon animal de compagnie au sein des familles nombreuses.

Exercice : il a besoin d'une dépense physique intense et régulière et possède une endurance remarquable.

Toilettage : bien que son poil soit assez facile à entretenir par un brossage régulier, les franges de ses membres et celles de ses oreilles doivent être régulièrement nettoyées.

Springer anglais

Taille :
mâle 48 cm
femelle 46 cm

Poids :
mâle 18 kg
femelle 16 kg

20 Terriers

Pourquoi les terriers ont-ils été surnommés « chasseurs sous terre » ? Parce qu'en envahissant la Grande-Bretagne, les Romains ont découvert ces chiens et les ont baptisés « *terrarii* », du latin « *terra* » qui signifie « terre ». La majorité de ces chiens utilisés pour limiter la prolifération des nuisibles étaient originaires de Grande-Bretagne : certains se faufilaient dans les terriers pour attraper leurs proies (renards, rats, lapins et blaireaux), d'autres les capturaient à l'extérieur.

Bull-Terrier

Taille :
48 cm

Poids :
32 kg

Bien que classé dans les terriers, le Bull-Terrier est un vrai chien de combat, créé au XIXᵉ siècle en croisant un Bulldog avec un Terrier noir et feu. Le Bull-terrier est devenu ensuite un chien d'exposition.

Caractère : avec sa morsure redoutable, sa détermination et sa résistance à la douleur, ce chien peut être un vrai danger pour les autres chiens s'il n'a pas été correctement socialisé dès son plus jeune âge. C'est généralement un agréable compagnon, dévoué à son maître, mais sa socialisation aux enfants et aux étrangers est délicate. Soyez prudent si vous le mettez en contact avec des chats.

Exercice : il a besoin d'un exercice régulier mais modéré. Le port de la muselière en public est obligatoire.

Toilettage : il est facile, car un chiffon humide suffit à ôter la saleté de son poil court et plat.

Cairn Terrier

Taille :
mâle 33 cm
femelle 30 cm

Poids :
mâle 8 kg
femelle 8 kg

Les *cairns* sont des amas de pierres jonchant la bruyère qui recouvre les Highlands de l'ouest de l'Écosse et ce petit Terrier était utilisé pour chasser les nuisibles qui s'y cachaient. Réputé le plus ancien Terrier d'Écosse, ses longs poils hirsutes le protègent des intempéries du climat particulièrement rigoureux des hautes terres.

Caractère : vif, plein d'allant, fougueux, téméraire, courageux, en éveil à la moindre alerte, fidèle et affectueux avec son maître, le Cairn Terrier est l'archétype du Terrier. Excitable et assez aboyeur, il peut se montrer possessif avec ses jouets et agressifs à l'égard des chats. Mais il s'éduque facilement.

Exercice : il apprécie de courir dans un jardin, mais s'il n'en a pas la possibilité, son maître doit le promener régulièrement.

Toilettage : bien qu'hirsute, son poil a seulement besoin d'être brossé plusieurs fois par semaine.

Soft Coated Wheaten Terrier

Taille :
mâle 50 cm
femelle 48 cm

Poids :
mâle 20 kg
femelle 18 kg

Le poil de ce chien est vraiment doux et soyeux. Réputé le plus ancien Terrier irlandais, la race n'est plus très répandue dans son pays d'origine, mais est devenue très populaire aux États-Unis. Ce chien était employé pour déterrer les renards et les blaireaux, mais aussi comme chien de garde à la ferme, chien de troupeau et chasseur de nuisibles.

Caractère : affectueux, doux mais vif, voire exubérant, c'est un bon chien de garde, intelligent et facile à éduquer. Son instinct prédateur l'empêche de faire bon ménage avec les chats et d'autres petits mammifères. Il est important de le socialiser correctement et de lui donner une éducation stricte.

Exercice : il a besoin de beaucoup d'exercice.

Toilettage : Il est important de l'habituer au toilettage dès son plus jeune âge. Il faut le peigner pour prévenir les nœuds dans son poil.

Les tailles et les poids notés ici n'ont qu'une valeur indicative. La taille des chiens est mesurée au garrot (cf. pages 10-11)

Skye Terrier

Originaire de l'île de Skye à l'ouest de l'Écosse, ce chien court sur pattes était employé pour chasser les renards, les blaireaux, les belettes et les loutres. Réputé pour son poil dur et ses oreilles caractéristiques, le Skye Terrier a été popularisé par la reine Victoria. Le poil de la race actuelle est plus doux.

Caractère : affectueux à l'égard de son maître, le Skye Terrier peut se montrer agressif envers les étrangers, au mieux réservé. Son contact avec des congénères peut également s'avérer problématique. Comme les autres petits Terriers, il est très réactif, en éveil à la moindre alerte et hostile aux chats. D'une fidélité légendaire à son maître, ce chien a pourtant tendance à se montrer dominant.

Exercice : il a besoin d'un exercice quotidien.

Toilettage : il possède un sous-poil laineux et un poil long et dur qui nécessitent un entretien quotidien particulièrement minutieux.

Taille :
mâle 26 cm
femelle 25 cm

Poids :
mâle 11,5 kg
femelle 11 kg

Norfolk Terrier

Originaire du comté du Norfolk, en Angleterre, cette race n'a été reconnue qu'en 1964 par le KC. Auparavant, il était considéré comme une simple variété à oreilles tombantes du Norwich Terrier, aux oreilles dressées.

Caractère : ce petit terrier est décrit par le KC comme « un démon pour sa taille ». Vif et intrépide, il est pourtant affectueux avec son maître, ne cherche pas la bagarre avec ses congénères et accepte volontiers les étrangers. Naturellement chasseur de chats, il doit être très tôt socialisé aux minous.

Exercice : il aime les promenades dans la campagne et s'intéresse beaucoup aux trous dans la terre.

Toilettage : il est conseillé de le faire toiletter par un professionnel deux fois par an.

Taille :
25 cm

Poids :
6,5 kg

Terrier Glen d'Imaal

Apparu au XVIIe siècle, ce chien est l'un des Terriers irlandais les plus anciens et les plus petits. Rustique et robuste, il a été développé dans la vallée de l'Imaal, près de Dublin, pour chasser le blaireau et, malgré sa petite taille, n'a pas froid aux yeux. Il reste très peu connu en dehors de son pays, mais très apprécié de ses maîtres. Il est relativement calme, ce qui est inhabituel pour un terrier.

Caractère : actif, indépendant et curieux, mais affectueux et docile avec son maître, ce chien est plein d'allant et d'ardeur. Pourtant, il peut se montrer très réactif et, comme la plupart des terriers, représenter un danger pour les chats. Volontiers querelleur avec ses congénères, il est indispensable de le socialiser correctement.

Exercice : il a besoin de se dépenser.

Toilettage : son poil rêche est facile à entretenir et nécessite un minimum de soins.

Taille :
36 cm

Poids :
16 kg

21 Chiens de garde et de trait

Aujourd'hui, quand on parle de chiens de trait, on pense aussitôt aux chiens de traîneau des régions polaires. Mais autrefois les chiens servaient communément de bêtes de somme, traînant de petites carrioles ou portant des charges. Aussi loin que l'on remonte dans l'histoire, les chiens ont toujours servi de gardiens – des campements préhistoriques aux propriétés actuelles.

Bouvier bernois

Taille :
mâle 71 cm
femelle 66 cm

Poids :
mâle 50 kg
femelle 45 kg

Cet élégant chien de Bouvier suisse qui s'appelait à l'origine le Berner Sennenhund était essentiellement utilisé pour le transport de marchandises : il tirait des chariots remplis de fromages et d'autres produits agricoles jusqu'aux marchés. Il servait aussi à garder la ferme et conduire le gros bétail.

Caractère : ce chien, qui semble toujours sourire, est enjoué, fidèle, équilibré et plein de bonne volonté. Il fait un très bon chien de compagnie en milieu rural et, s'il a été correctement socialisé, un bon compagnon pour les enfants. Cependant, en raison de sa fidélité, il peut avoir du mal à changer de maître à l'âge adulte, ce bouvier séduit, car bon gardien, il n'est pas aboyeur, reste aimable et facile à aborder.

Exercice : il a besoin d'espace et d'un exercice modéré mais régulier.

Toilettage : il doit être brossé quotidiennement.

Bullmastiff

Taille :
mâle 69 cm
femelle 66 cm

Poids :
mâle 60 kg
femelle 50 kg

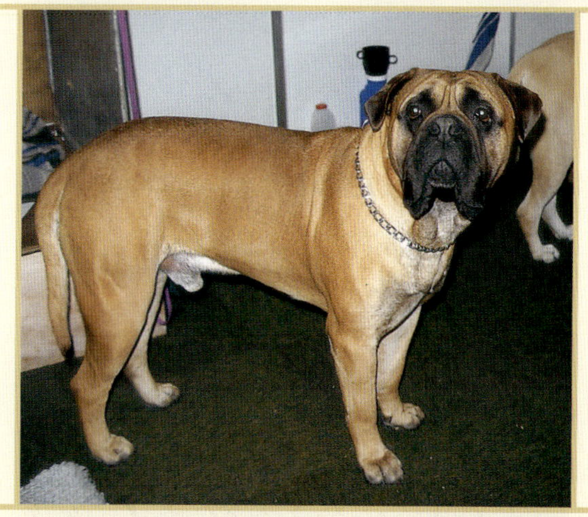

Ce chien de garde impressionnant est issu du croisement entre un Bulldog et un Mastiff au XIXe siècle. Il était utilisé pour garder les grands domaines et dissuader les braconniers. Comme il a été croisé avec des Bulldogs d'origine, à la face moins aplatie que les formes actuelles, le Bullmastiff ne risque pas de souffrir de problèmes respiratoires aussi graves que le Bulldog moderne.

Caractère : même si le Bullmastiff est un excellent chien de garde, il se montre calme, fidèle et particulièrement patient avec les enfants qu'il ne cherche pas à bousculer. Il lui faut un maître suffisamment fort pour le promener et, pour éviter un comportement agressif à l'égard des autres chiens et des personnes étrangères, une socialisation suffisante.

Exercice : il a besoin de se dépenser modérément.

Toilettage : facile.

Husky sibérien

Taille :
mâle 60 cm
femelle 54 cm

Poids :
mâle 24 kg
femelle 19,5 kg

Tous les chiens de traîneau sont appelés « Huskies ». Le Malamute d'Alaska (en haut) était un chien de traîneau grand et puissant, qui tirait de lourdes charges sur de longues distances, et son équivalent le plus proche était le Husky sibérien, une race ancienne utilisée pour tirer des charges légères sur de longues distances.

Caractère : ce beau chien est fait pour tirer des traîneaux sous un climat froid. S'il n'a pas sa dose d'exercice, il peut devenir destructeur et fugueur. Sinon, le husky sibérien est doux, gentil, calme, intelligent et peu excitable. Son poil épais n'est pas adapté aux climats chauds.

Exercice : il a besoin de se dépenser beaucoup et, en particulier, apprécie de tirer des charges légères. Mais évitez de lui faire faire trop d'exercice par temps chaud.

Toilettage : son poil épais doit être toiletté plusieurs fois par semaine et étrillé en période de mue.

Les tailles et les poids notés ici n'ont qu'une valeur indicative. La taille des chiens est mesurée au garrot (cf. pages 10-11)

Boxer

Le Boxer ressemble au Bulldog d'origine et son ancêtre, le Büllenbeisser, était utilisé en Allemagne pour les combats de taureaux et la chasse au sanglier. Le premier Boxer répertorié en 1895 résultait du croisement avec un Bulldog blanc.

Caractère : le Boxer est fidèle à sa famille et s'entend bien avec les enfants, même s'il peut se montrer turbulent. Il s'éduque bien et s'avère adapté à la garde et aux missions militaires. Les mâles adultes peuvent se montrer agressifs vis-à-vis d'autres chiens. Ils peuvent aussi devenir exagérément protecteurs.

Exercice : il a besoin de faire beaucoup d'exercice et de jouer. Les jeunes enfants ne doivent pas promener un boxer sans surveillance.

Toilettage : son poil ras et lisse est d'un entretien facile. (Mais méfiez-vous de la bave sur les vêtements.)

Taille :
mâle 63 cm
femelle 59 cm

Poids :
mâle 32 kg
femelle 27 kg

Saint-Bernard

Ce chien est devenu célèbre pour ses sauvetages en montagne. Dès le XVIIIe siècle l'hospice fondé par saint Bernard de Menthon en 980 employait ces chiens pour secourir les voyageurs égarés.

Caractère : doux, gentil, équilibré mais d'allure toujours digne, ce chien de nature bienveillante, patient avec les enfants et intelligent, s'éduque facilement. Cependant, vu sa taille et sa puissance, il peut poser de réels problèmes, même en laisse, s'il n'a pas été correctement éduqué et socialisé, et sachez que certaines lignées sont particulièrement dominantes.

Exercice : il a besoin de longues promenades quotidiennes.

Toilettage : son poil est relativement facile à peigner et brosser quotidiennement. Sa mue deux fois par an nécessite des soins supplémentaires.

Taille :
mâle 91 cm (max.)
femelle 64 cm (max.)

Poids :
mâle 90 kg
femelle 70 kg

Komondor

Cette race hongroise ressemble davantage à un tapis de corde qu'à un chien. Peut-être, mais ne vous y méprenez pas : même si la FCI le classe dans les chiens de berger, il est fondamentalement un chien de garde très efficace pour protéger les troupeaux des prédateurs.

Caractère : même s'il est dévoué à son maître, le Komondor est avant tout un gardien particulièrement méfiant, voire agressif, envers les étrangers et ses congénères. Ses expressions faciales n'étant pas perceptibles, il est difficile de connaître son humeur. Il a besoin d'une éducation très ferme et, en particulier, à la campagne. Il est réservé aux maîtres aguerris.

Exercice : il a besoin d'un exercice modéré.

Toilettage : son poil cordé ne doit jamais être brossé ou peigné. Pour éviter la multiplication des nœuds, séparez les tresses avec vos doigts. Autre inconvénient : son poil se salit facilement.

Taille :
mâle 65 cm
femelle 60 cm

Poids :
mâle 51 kg
femelle 50 kg

22 Chiens de berger

Là où il y avait des troupeaux de bétail, il y avait un chien pour les rassembler et les conduire. La plupart des chiens de berger possédaient un poil épais pour résister aux intempéries (et certainement se fondre plus aisément au milieu des moutons). Certaines races de petite taille comme les Welsh Corgi étaient plus adaptées au rassemblement et à la conduite des troupeaux de bovins et non d'ovins.

Bearded Colley

Taille :
mâle 56 cm
femelle 53 cm

Poids :
mâle 25 kg
femelle 22 kg

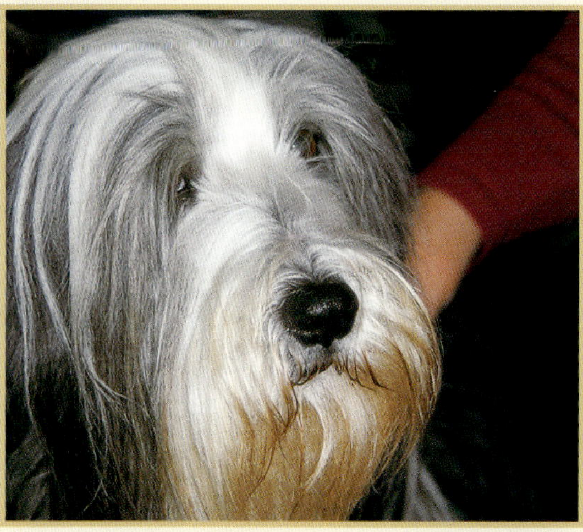

Également appelé Colley des Highlands, ce chien semble avoir été au départ principalement un conducteur de bestiaux, rassemblant les bovins et les ovins des coteaux pour les conduire jusqu'aux marchés. C'est une race écossaise ancienne, mais ses origines demeurent inconnues. Certains prétendent que le Bearded Colley résulte de croisements avec des Bergers Polonais introduits en Écosse il y a 500 ans.

Caractère : vif, actif, c'est un chien de travail endurant qui a bon caractère. Il s'entend généralement bien avec les enfants. Ce chien de travail s'est bien adapté au rôle de chien de compagnie.

Exercice : il a besoin de se dépenser quotidiennement.

Toilettage : son poil nécessite un entretien quotidien.

Berger allemand

Taille :
mâle 66 cm
femelle 60 cm

Poids :
mâle 40 kg
femelle 30 kg

Appelé aussi Berger d'Alsace, ce chien est aujourd'hui considéré comme l'archétype du chien d'utilité et, plus particulier, du chien policier. Ainsi, malgré son immense popularité, il inspire la crainte. Pourtant, c'était au départ un chien de berger dont le nom d'origine est Deutscher Schäferhund.

Caractère : intelligent, vif et toujours prêt à travailler, ce chien apprend vite et se montre un compagnon fidèle et obéissant à condition de recevoir une éducation ferme. Si vous voulez en faire un chien de compagnie, vous devez le socialiser et l'éduquer correctement.

Exercice : il a besoin de se dépenser beaucoup et régulièrement.

Toilettage : il est nécessaire de le brosser tous les jours.

Bobtail

Taille :
mâle 61 cm
femelle 56 cm

Poids :
mâle 36 kg
femelle 30 kg

Cette race est ancienne. Même si l'on a prétendu que des Bergers de Russie avaient été croisés avec des Bergers britanniques, un certain nombre de pays européens, y compris la Grande-Bretagne, possédaient déjà des chiens de Berger à poil long et hirsute et le Bobtail était utilisé pour rassembler et conduire les troupeaux.

Caractère : enjoué, fidèle, calme et obéissant, ce chien s'entend généralement bien avec les enfants, même s'il a tendance à faire tomber les plus jeunes. Certaines lignées peuvent toutefois se montrer très possessives.

Exercice : le Bobtail possède une allure d'ours en marchant qui convient à son besoin modéré d'exercice.

Toilettage : sa fourrure exige un entretien quotidien très minutieux et particulièrement long.

Les tailles et les poids notés ici n'ont qu'une valeur indicative. La taille des chiens est mesurée au garrot (cf. pages 10-11)

« Corgi » signifie « chien » en langue celte. Deux variétés sont enregistrées : le Pembroke (à queue courte ou écourtée à la naissance), à droite, et le Cardigan (à longue queue bien fournie), en haut à gauche. Ces chiens bas sur pattes sont utilisés depuis des siècles pour conduire les troupeaux de bovins en leur mordillant les jarrets.

Caractère : vif et intelligent, le Welsh Corgi s'éduque facilement. Cependant, comme il a été sélectionné pour mordiller les pattes du bétail, il n'est pas un compagnon idéal pour des enfants. Correctement socialisé, ce chien s'entend mieux avec ses congénères.

Exercice : il a besoin de sortir souvent.

Toilettage : son poil imperméable nécessite un brossage régulier.

Welsh Corgi

Taille :
mâle 31 cm
femelle 31 cm

Poids :
mâle 12 kg
femelle 11 kg

C'est une version naine du Colley ou berger d'Écosse à poil long. Comme les poneys et les moutons des îles Shetland, ces chiens ont été miniaturisés pour être mieux adaptés à la vie insulaire. Le berger des Shetland est devenu plus populaire dans les foyers que le Colley.

Caractère : vif, doux et intelligent, il est très facile à éduquer. Sensible, obéissant et affectueux avec son maître, il peut se montrer timide ou réservé à l'égard des étrangers, des enfants turbulents et de ses congénères.

Exercice : même s'il aime se dépenser physiquement, il peut s'adapter à un propriétaire âgé et être un compagnon peu exigeant.

Toilettage : brossez-le régulièrement, mais ne le peignez pas vigoureusement là où ses poils sont emmêlés.

Berger des Shetland

Taille :
mâle 37 cm
femelle 35,5 cm

Poids :
mâle 8 kg
femelle 7 kg

Ressemblant au Bearded Colley, mais dans une version plus petite, le Berger polonais de plaine est appelé Polski Owczarek Nizinny dans son pays d'origine. Trois spécimens originaires de Gdansk ont été introduits en Écosse en 1514 et peuvent s'être ajoutés aux ancêtres du Bearded Colley. La race a failli disparaître après la Seconde Guerre mondiale, mais a finalement été sauvée par un vétérinaire polonais.

Caractère : vif, actif, intelligent et facile à éduquer, ce chien contrôle parfaitement ses instincts, ce qui en fait un excellent conducteur de troupeaux. Perspicace et doté d'une excellente mémoire, son caractère agréable à vivre et sa taille en font un bon compagnon pour toute la famille.

Exercice : turbulent, il a besoin de beaucoup d'exercice.

Toilettage : son poil épais et dur et son sous-poil mou nécessitent un entretien régulier.

Berger polonais de plaine

Taille :
mâle 52 cm
femelle 46 cm

Poids :
mâle 19 kg
femelle 19 kg

23

Chiens d'utilité

Dans ce groupe très hétérogène,tous les chiens, quelle que soit leur « utilité » d'antan, sont aujourd'hui des chiens de compagnie. Le Caniche, par exemple, était à l'origine un chasseur de gibier d'eau. Les races traditionnellement utilisées pour le combat mais qui ne sont pas des terriers et les chiens de compagnie un peu trop imposants pour entrer dans la catégorie des petits chiens d'agrément ont été répertoriés dans ce groupe.

Shiba

Taille :
mâle 40 cm
femelle 38 cm

Poids :
mâle 14 kg
femelle 13 kg

Ce chien de type Spitz, à l'air intelligent et dont le nom signifie « petit chien » en japonais, est apparu il y a près de 2 000 ans. Il était utilisé pour chasser le petit gibier. Déclaré « monument naturel » en 1937, c'est aujourd'hui le chien le plus populaire du Japon.

Caractère : vif et très éveillé, le Shiba n'en reste pas moins farouchement indépendant et peut se révéler difficile à éduquer. Si le maître se laisse dominer par son animal, ce dernier peut se montrer agressif envers les étrangers et ses congénères. Mais s'il reçoit une éducation ferme, le Shiba aime apprendre et peut se montrer sociable.

Exercice : il a besoin d'un exercice modéré mais régulier.

Toilettage : ce chien nécessite un brossage régulier avec une brosse dure.

Dalmatien

Taille :
mâle 63 cm
femelle 60 cm

Poids :
mâle 29 kg
femelle 27 kg

Ce chien élégant accompagnait autrefois les voitures à chevaux, d'où le surnom de « chien de coche ». Aujourd'hui encore, l'origine du Dalmatien est obscure et hypothétique. Des dessins sur des tombes de pharaons de l'Égypte ancienne permettent de supputer que le Dalmatien existe depuis quelques millénaires. Ce chien à la robe unique a été popularisée par le film de Walt Disney *Les 101 Dalmatiens*.

Caractère : il est vif, gai, affectueux et intelligent. Sa nature attachante et son pelage tacheté, très original, en font l'ami des enfants. Mais s'il ne se dépense pas suffisamment et n'est pas socialisé assez tôt à ses congénères et aux humains, il peut développer des troubles comportementaux.

Exercice : il apprécie les longues promenades dynamiques.

Toilettage : son poil nécessite un brossage quotidien.

Lhassa Apso

Taille :
26 cm

Poids :
7 kg

Le Tibet ayant vécu en autarcie pendant des siècles, les chiens n'étaient pas autorisés à sortir de la ville sacrée de Lhassa, sauf pour être offerts par le Dalaï Lama aux membres de la famille impériale chinoise. Mais certains spécimens ont été introduits à la fin du XIXe siècle et un premier standard officiel a été défini en 1934. Son nom tibétain signifie « chien lion poilu ».

Caractère : il aime être auprès de son maître. Vif, il est facile à éduquer. Mais il se montre méfiant envers les étrangers et doit être socialisé au contact d'autres chiens dès son plus jeune âge. Il a l'oreille très fine et donne l'alarme en aboyant.

Exercice : il apprécie un exercice physique peu intense mais régulier. Il adore marcher et résiste bien au froid.

Toilettage : son long poil et son sous-poil épais nécessitent un entretien régulier.

Les tailles et les poids notés ici n'ont qu'une valeur indicative. La taille des chiens est mesurée au garrot (cf. pages 10-11)

On distingue trois types de Caniches selon la taille : moyen, nain et miniature. En raison des toilettes surprenantes dont il fait l'objet (toilette « en lion »), il est difficile d'imaginer qu'il était autrefois élevé pour chasser les oiseaux aquatiques.

Caractère : affectueux, obéissant, intelligent et apprenant vite, le Caniche a été employé comme animal de cirque. Correctement socialisé, il accepte volontiers les étrangers et ses congénères. Les Caniches moyen et nain s'entendent bien avec les enfants, mais peuvent se montrer jaloux et possessifs.

Exercice : le Caniche moyen a besoin de se dépenser modérément mais régulièrement, et apprécie de courir sans laisse.

Toilettage : les Caniches ne muent pas (ils conviennent donc aux maîtres allergiques aux poils de chiens) et ont donc besoin d'une tonte régulière.

Caniche

Caniche moyen
Taille : 35-45 cm
Poids : 11-12 kg

Caniche nain
Taille : 28-35 cm
Poids : 6-7 kg

Caniche miniature
Taille : moins de 28 cm
Poids : 2,5 kg

Né avec une quantité de peau excessive qui forme des plis abondants, le Shar Pei finit par remplir la quasi-totalité de son enveloppe au terme de sa croissance. Comme le Chow-Chow, il est doté d'une langue noir bleuté. Ces deux races sont issues d'un ancêtre commun : le chien de combat chinois dont la peau lâche ne laissait pas de prise à son adversaire.

Caractère : calme et indépendant, il est assez entêté, mais généralement affectueux. Même s'il est facile à vivre, il peut se montrer hostile aux étrangers et à ses congénères s'il n'a pas été correctement socialisé dès son plus jeune âge.

Exercice : il a besoin de faire de l'exercice tous les jours.

Toilettage : même avec un brossage régulier, les pli peuvent être à l'origine d'affections cutanées et d'un entropion (enroulement de la paupière vers la cornée) susceptible d'évoluer vers une cécité.

Shar Pei

Taille :
51 cm

Poids :
25 kg

Un Bulldog nain a été développé à partir du Bulldog anglais. Introduit dans le nord de la France, il a donné naissance à un Bouledogue français aux oreilles droites, en « chauve-souris », contrairement au Bulldog anglais qui possède des oreilles repliées « en rose ». Devenu très populaire, il a acquis une certaine notoriété auprès des demi-mondaines parisiennes et eu le grand honneur de figurer sur les tableaux de Toulouse-Lautrec et d'autres artistes.

Caractère : vif, gentil et très affectueux, le Bouledogue français accepte volontiers les étrangers et, s'il a été correctement socialisé, ses congénères.

Exercice : il adore les promenades, mais évitez les efforts excessifs par temps chaud.

Toilettage : facile, même si les plis de la face nécessitent des soins réguliers.

Bouledogue français

Taille :
mâle 31 cm
femelle 26 cm

Poids :
mâle 12,5 kg
femelle 11 kg

24 Chiens de compagnie

Certaines races de cette catégorie existent depuis des milliers d'années, même si l'avènement des expositions canines a transformé la plupart d'entre elles, jadis utilisées comme chiens de travail, en chiens d'agrément ou de compagnie. Ce qui distingue ce groupe, c'est qu'il comprend des races sélectionnées exclusivement pour tenir compagnie à l'homme.

Cavalier King Charles

Taille :
32 cm

Poids :
8 kg

C'est l'un des chiens de compagnie les plus populaires en Grande-Bretagne. Dans l'Angleterre du XVIIe siècle, les Épagneuls nains étaient très prisés à la cour du roi Charles II. Mais à la fin du XIXe siècle, la sélection a transformé la physionomie du King Charles, lui donnant une face plus aplatie. Heureusement, à la fin du XXe siècle, un retour à la forme originale s'est amorcé et le chien à la face moins écrasée a été appelé Cavalier King Charles.

Caractère : doux et affectueux, charmant et enjoué, ce petit chien actif et facile à vivre est facile à éduquer. Il fait un bon compagnon, comme en témoigne son histoire auprès de l'homme.

Exercice : un exercice modéré lui suffit.

Entretien : son poil long et soyeux exige un brossage et un peignage deux ou trois fois par semaine.

Chien chinois à crête

Taille :
mâle 33 cm
femelle 30 cm

Poids :
mâle 5 kg (max.)
femelle 5 kg (max.)

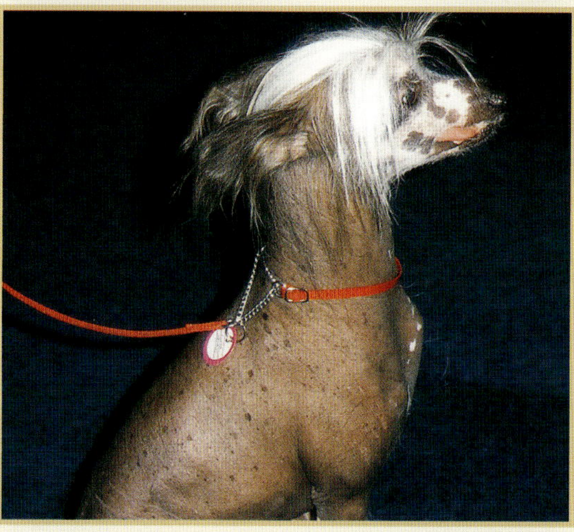

Ce chien nu, à l'exception d'un poil long et soyeux aux extrémités, est généralement considéré comme un chien futuriste un peu « extraterrestre ». Pourtant, un chien de ce type, certainement originaire d'Orient, a été décrit en 1686 dans des écrits britanniques.

Caractère : actif, agréable à vivre et sociable, ce chien s'attache beaucoup à son maître. En raison de son apparence fragile, son propriétaire est tenté de trop le gâter, ce qui risque de l'inciter à mordiller ses congénères et les étrangers. Car malgré son apparence frêle, c'est un vrai chien!

Exercice : il n'a pas besoin de beaucoup d'exercice, même s'il apprécie les promenades. Si vous le sortez, mettez-lui de la crème solaire l'été et un manteau en tissu (surtout pas en laine) l'hiver.

Toilettage : il exige des soins de la peau réguliers.

Chihuahua

Taille :
mâle 15-23 cm
femelle 15-20 cm

Poids :
mâle 1-3 kg
femelle 1-3 kg

Considéré comme la plus petite race du monde, ce chien a pourtant reçu le nom d'un État du Mexique! S'agit-il d'un chien d'origine aztèque (il existe actuellement de petites races de chiens au Mexique) dont les Conquistadors se seraient emparés ou descendrait-il d'un chien nain chinois? Toujours est-il que des touristes américains ont eu le coup de foudre pour ce chien et rapporté quelques spécimens aux États-Unis. La race n'arriva en France que vers 1960.

Caractère : vif, fougueux et courageux, il est dévoué à son maître, affectueux, mais peut se montrer jaloux. Il n'est pas intimidé par les chiens plus grands que lui. S'il a froid ou s'il est excité, il peut se mettre à trembler.

Exercice : même s'il est peu exigeant, il est inutile de l'emmener partout avec vous!

Toilettage : son poil, court ou long, nécessite un minimum d'entretien.

Les tailles et les poids notés ici n'ont qu'une valeur indicative. La taille des chiens est mesurée au garrot (cf. pages 10-11)

Même si tout le monde n'aime pas son apparence physique, le Carlin est l'une des races anciennes les plus populaires. Il était certainement déjà populaire au XVIIe siècle, même si ses origines restent assez incertaines : certains disent qu'il provient de la Chine ancienne, d'autres de Russie.

Caractère : placide, d'humeur égale, très sociable, le Carlin est un chien très attachant qui s'entend généralement bien avec les enfants. Il aime la compagnie et déteste rester seul, mais peut se montrer têtu.

Exercice : de brèves promenades lui suffisent et il adore jouer. Mais sa face aplatie le rend prédisposé aux problèmes respiratoires par temps très chaud. Évitez de le suralimenter, car c'est un chien naturellement trapu.

Toilettage : un entretien modéré suffit.

Carlin

Taille :
25-28 cm

Poids :
8 kg

Classé dans le groupe des chiens du Tibet par la FCI, dans celui des chiens de compagnie par l'AKC et dans celui des chiens d'utilité par le KC, le Shih-Tzu serait issu du croisement entre un Lhassa Apso offert par le Dalaï Lama aux empereurs chinois et un Pékinois. Baptisé « Chien Lion », il possède une face plus aplatie que les chiens du Tibet. Depuis son arrivée en Occident dans les années 1930, cette race a acquis une incroyable popularité.

Caractère : doux, gentil, vif, intelligent et sociable, le Shih-Tzu est très joueur avec son maître et s'éduque facilement.

Exercice : il a besoin d'un exercice en douceur mais régulier. Ce n'est pas un adepte des promenades dans le froid et la boue. Son museau court peut le prédisposer à des problèmes respiratoires.

Toilettage : son poil long exige un entretien particulièrement minutieux.

Shih-Tzu

Taille :
26,7 cm (max.)

Poids :
5-8 kg

Avant un concours, ce petit chien très populaire est soigneusement peigné et brossé, mais son poil est si long que son maître le roule pour éviter qu'il s'emmêle. En général, les propriétaires utilisent des petites pinces pour le coiffer au quotidien. Dans le comté du Yorkshire, à l'époque victorienne, des petits Terriers écossais ont été croisés avec des Terriers anglais pour donner naissance à ce petit Terrier d'agrément au caractère bien trempé.

Caractère : malgré sa petite taille, il n'hésite pas à attaquer les chats et ne semble pas facilement intimidé par les autres chiens. Le Yorkshire est très excitable et très aboyeur.

Exercice : il a besoin de se dépenser tous les jours et a tendance à aboyer davantage s'il n'a pas sa dose d'exercice.

Toilettage : son long manteau est particulièrement salissant, d'où la nécessité d'un entretien quotidien.

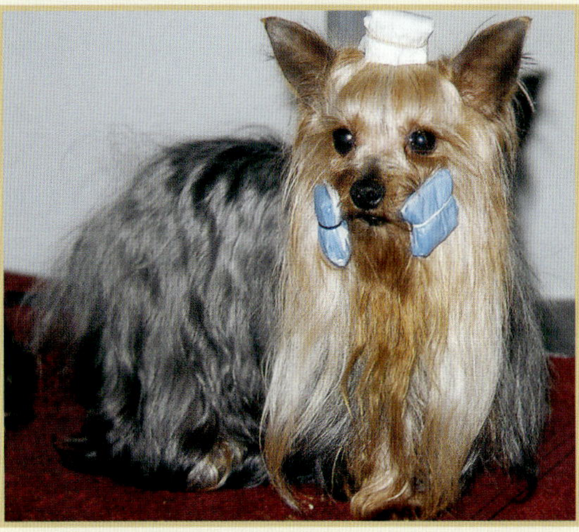

Yorkshire

Taille :
25 cm (max.)

Poids :
3,1 kg (max.)

25 Si j'obéis, c'est dans mes gènes

D'après les résultats de comparaisons comportementales entre les races effectuées par différents spécialistes, l'éducation à l'obéissance est la plus facile et la plus réussie chez des races telles que le Doberman, le Berger des Shetland, le Berger allemand, le Caniche moyen et le Caniche nain, alors que le Chow-Chow, le Lévrier afghan, le Fox-Terrier, le Bulldog, le Basset Hound et le Beagle se révèlent particulièrement peu obéissants.

Le Chow-Chow, le Lévrier afghan et le Fox-Terrier constituent également les races les plus dominantes à l'égard de leur maître, un comportement parfaitement cohérent avec leur manque d'obéissance. Le Terrier écossais, le Schnauzer nain et le Husky sibérien se montrent, eux aussi, particulièrement dominants envers leur propriétaire.

En revanche, et cela n'a rien de surprenant, le Golden Retriever est le chien le moins dominant vis-à-vis de son maître. Le Berger des Shetland et le Colley, élevés et sélectionnés pour obéir aux ordres de leur maître, ainsi que l'Épagneul breton et le Saint-Hubert, comptent également parmi les races les moins dominantes.

Le Schnauzer nain n'est que légèrement plus joueur que le Golden Retriever, mais largement plus excitable que ce dernier. Le Caniche moyen, qui figure parmi les chiens les plus faciles à éduquer à l'obéissance, manifeste aussi un goût du jeu très prononcé, mais n'est que modérément excitable. Parmi les races à la fois les plus obéissantes, les moins excitables et les moins agressives figurent le Labrador, le Braque hongrois, l'Épagneul breton, le Colley, le Terre-Neuve et le Braque allemand.

Le Berger allemand, l'Akita, le Rottweiler et le Doberman font partie des chiens les moins excitables et les plus aptes à obéir et à être dressés, mais ils peuvent se montrer très agressifs, ce qui les rend très efficaces dans la police et l'armée. Le Berger des Shetland, le Bichon frisé, le Welsh Corgie, le Shih-Tzu, le Caniche nain et le Caniche moyen, plus excitables, sont tout aussi obéissants et faciles à éduquer, mais modérément agressifs.

Au milieu du XXe siècle, des comparaisons systématiques entre le Basenji, le Beagle, le Cocker américain et le Fox-Terrier à poil dur ont montré que la capacité à réagir favorablement à l'éducation dépendait du type d'éducation pratiqué, de la nature des missions confiées aux chiens et des différences entre les races, qui ont chacune leur tempérament propre.

La race, oui, mais surtout l'individu

La race n'explique pas tout. Le développement du chien, son environnement, les relations avec son maître, son éducation et son hérédité contribuent à lui donner sa propre personnalité et une plus ou moins grande aptitude à l'obéissance.

26

Tous les chiens peuvent atteindre un niveau d'obéissance tout à fait raisonnable s'ils reçoivent une éducation correcte et adéquate. Même s'il est vrai que certaines races sont plus dominantes que d'autres. C'est dans leurs gènes !

Soyez réaliste lorsque vous choisissez un chien car les chiens euthanasiés dans les premières années de leur vie pour « troubles comportementaux » sont plus nombreux que ceux qui meurent de maladie ou tués sur la route. Ces troubles sont surtout dus à une éducation incorrecte, liée à l'incapacité du maître à gérer la dominance ou l'agressivité de son animal. Les foyers au sein desquels les chiens sont plus dominants que tous les humains réunis représentent un réel danger.

Une telle situation ne se produirait pas si la sélection de la race est judicieuse à la personnalité et au mode de vie. Le maître doit aussi consacrer du temps à l'éducation de son animal en mettant en place un programme adéquat afin de se faire obéir en qualité de chef de meute.

APTITUDE À DOMINER ET À OBÉIR : COMPARAISON ENTRE LES RACES

Voici les résultats d'études réalisées par les comportementalistes canins Benjamin et Lynette Hart auprès de juges et de vétérinaires et par le docteur Daniel Tortora auprès d'éleveurs :

Races les moins aptes à obéir	Races les plus dominantes
Chow-Chow	Chow-Chow
Lévrier afghan	Lévrier afghan
Fox-Terrier	Fox-Terrier
Bulldog	Terrier écossais
Basset Hound	Schnauzer nain
Beagle	Husky sibérien

Races les plus aptes à obéir	Races les moins dominantes
Doberman	Golden Retriever
Berger des Shetland	Berger des Shetland
Caniches moyen et nain	Colley
Berger allemand	Épagneul breton
	Saint-Hubert

Le potentiel agressif d'un chien peut également se manifester par une tendance à attaquer ses congénères et les étrangers et à défendre farouchement son territoire. Ce potentiel d'agressivité d'un chien joue un rôle clé dans son éducabilité. Certains chiens tels le Berger allemand, le Doberman et le Rottweiler ont un potentiel agressif particulièrement élevé, mais une éducation suffisamment ferme en fera des chiens très obéissants. En revanche, certains chiens ont une nature particulièrement peu agressive, par exemple le Bulldog, le Basset Hound et le Bobtail, mais leur éducation à l'obéissance n'est pas une mince affaire !

Huskies sibériens

Les règles de base

Si vous rencontrez des problèmes de dominance avec votre chien, seule une éducation correcte vous permettra de les résoudre, en particulier la mise en place de règles fondamentales.

27 Attention, je mords!

Le personnel des fourrières, les responsables des refuges et les vétérinaires sont les plus exposés aux chiens qui mordent. Ce problème comportemental est dû à une éducation incorrecte, un manque de socialisation et un comportement inadapté du maître. La loi du 6 janvier 1999 met en évidence deux catégories de chiens susceptibles d'être dangereux: les chiens d'attaque, puis les chiens de garde et de défense.

Une étude récente a révélé que 91 % des morsures de chiens se produisant au sein du foyer ne font pas l'objet d'une consultation chez le médecin. Cela montre que la plupart des morsures sont sans gravité, mais cela signifie aussi que le nombre de morsures de chiens est largement sous-estimé.

Que devez-vous faire si votre chien se montre agressif envers les humains et a tendance à vouloir les mordre? D'abord, regarder la situation en face. C'est un excellent conseil, car la première réaction des propriétaires est généralement de nier la réalité. Si vous possédez un chiot, veillez à ce qu'il soit socialisé. Si vous avez un chien adulte, consultez la fiche sur l'agressivité envers les humains pages 100 à 102.

Si votre chien mord, prenez conscience que les plaintes déposées par les victimes peuvent entraîner l'euthanasie de votre animal. La plupart des morsures concernent les membres de la famille, les amis et les voisins et résultent d'un comportement agressif motivé par les raisons les plus diverses. Et l'on compte chaque année 12 à 15 décès consécutifs à des morsures de chiens.

Il existe différents types de morsures, des morsures inoffensives des chiots aux morsures rares mais parfois mortelles de chiens adultes, et de nombreux propriétaires ne savent pas quand prendre les choses au sérieux. Même avec des dents de lait le chiot ne doit jamais mordiller les mains des humains, à chaque occasion vous devez crier pour le rappeler à l'ordre et lui fixer des limites. En cas de doute, demandez l'avis d'un vétérinaire comportementaliste.

Si vous menacez ou punissez un chien très dominant, vous risquez de vous faire mordre. Si votre chien mord parce qu'il veut vous dominer, remettant en cause les relations hiérarchiques, on appelle cela l'agression de dominance et un professionnel vous conseillera sans doute de le faire stériliser (cf. page 77).

Un propriétaire peut se faire mordre en intervenant dans une bagarre entre son chien et des congénères, auquel cas l'animal réoriente son agressivité vers son maître. Une autre personne ou un congénère risque également de se faire mordre par un chien qui défend son territoire contre un intrus. Les morsures inhibées propres au jeu peuvent également dégénérer et certaines morsures résultent parfois d'un mauvais décryptage des signaux de communication entre le chien et son maître. Les malentendus les plus fréquents proviennent d'une attitude craintive ou méfiante de l'animal qui mord alors par peur, comme ultime moyen de défense, si ses signes de soumission ont été ignorés (cf. pages 26-29).

Des races « mordeuses »?

Certaines races sont potentiellement plus agressives que d'autres, en particulier le Pitbull, le Chow-Chow, le Berger allemand, le Doberman et le Rottweiler.

Mordre n'est pas jouer

28

Sur le plan de la sécurité des enfants, des comparaisons entre les races ont été effectuées par des spécialistes. Il en ressort que les chiens les moins susceptibles de mordre les enfants sont le Golden Retriever et le Labrador, suivis du Terre-Neuve, du Saint-Hubert, du Basset Hound et du Colley.

Boxer

La race la plus susceptible de mordre les enfants est le Spitz nain, suivi de près par le Yorkshire, dont la réputation de « mordeur de mollets » n'est plus à faire ! Parmi les autres races potentiellement dangereuses pour nos bambins figurent le Chow-Chow, le West Highland White Terrier, le Schnauzer nain et le Terrier écossais.

Selon une étude américaine, 60 % des individus mordus ont moins de 15 ans, alors que cette tranche d'âge représente moins de 30 % de la population. La tranche d'âge la plus exposée aux morsures est celle des enfants âgés de 5 à 9 ans et les garçons ont deux fois plus de risques d'être mordus que les filles. La plupart des morsures se produisent à proximité du domicile du propriétaire. 66 % des attaques sont directement provoquées par la victime. Environ 1 % des enfants conduits aux urgences doivent recevoir un traitement après avoir été mordus par un chien.

Ces chiffres sont suffisamment parlants pour montrer aux propriétaires qu'ils doivent éduquer correctement leur chien, apprendre à le dominer et jouer auprès de lui le rôle de chef de meute – un rôle que l'animal attend naturellement de la part de son maître et qui détermine son comportement. Toutefois, quand son maître est absent, le chien n'a pas le même degré d'inhibition et le loup domestiqué se met à affirmer sa position hiérarchique. Le vrai problème est celui des foyers où les adultes humains ne dominent pas leur chien : ce dernier va alors en déduire que c'est lui le dominant vis-à-vis des adultes de la famille, et encore plus des enfants, considérés comme tout en bas de la hiérarchie, ce qui accroît leur risque d'être mordus. Pourquoi les enfants, et surtout les garçons, risquent davantage d'être mordus ? Pour deux raisons principales. D'abord, parce qu'ils passent plus de temps à jouer avec leur chien que les adultes et, en jouant à la balle avec leur animal, ils essaient d'extraire le jouet de sa gueule. Ensuite, parce que la hiérarchie des individus au sein du foyer est ambiguë. Pour un chien, un jeune enfant n'a pas autant d'autorité qu'un adulte – il est plus petit, tombe souvent et sa voix est plus aigue.

Si un enfant se trouve en danger face à un chien, il doit se mettre debout ou rester debout, ce qui augmente ses chances d'être perçu comme dominant et diminue son risque d'être mordu. Les enfants âgés de 4 ans et moins qui ont été mordus ont été blessés au visage, ce qui n'a rien d'étonnant. Mais en grandissant, ils courent nettement moins de risques, leur taille en imposant davantage.

Limiter les risques

- Ne laissez jamais un jeune enfant seul avec un ou plusieurs chiens.
- Apprenez à votre enfant à bien se comporter avec un chien.
- Développez une relation adéquate avec votre chien (chef de meute).
- Veillez à ce que votre chien soit correctement socialisé et éduqué.

3

Être un chien, c'est quoi ?

29 Un flair légendaire

Un chien doit toujours avoir une truffe humide, fraîche et un long museau, ce qui permet aux molécules odorantes piégées par l'humidité d'être acheminées vers des récepteurs. Le Saint-Hubert, le limier par excellence, doit son flair exceptionnel à son chanfrein allongé et son nez large. Généralement, l'homme utilise le flair remarquable du chien pour toutes sortes de missions, de la détection de drogues à la recherche de truffes.

L'extrémité sombre du museau du chien s'appelle la truffe. Une cloison divise l'intérieur de la cavité nasale en deux fosses contenant des lames osseuses et cartilagineuses recouvertes d'une muqueuse, les cornets. Chez les canidés, les nombreux replis (volutes ethmoïdales) de la muqueuse nasale augmentent la surface olfactive. L'air inspiré se réchauffe et s'humidifie au contact des cornets. L'ethmoïde, qui contient les cellules olfactives, est situé seulement au fond de la cavité nasale et reçoit l'air préalablement réchauffé.

La cavité nasale diffère selon les races : celle d'un chien au museau court et écrasé de type brachycéphale comme le Pékinois ou le Bulldog n'a rien à voir avec celle d'un chien au museau allongé de type dolichocéphale comme le Greyhound ou le Barzoï. La déformation des narines chez les brachycéphales peut empêcher leur dilatation pendant la respiration. L'inspiration devient alors impossible, obligeant l'animal à respirer par la bouche (cf. page 126).

Contrairement à l'homme, le chien est capable de détecter des odeurs à de très faibles concentrations. En effet, l'odorat du chien reconnaît des milliers de nuances différentes là où l'homme ne sent rien.

Les chiens dressés se révèlent particulièrement performants pour identifier les patients atteints d'un cancer du poumon en respirant leur haleine, mais moins efficaces pour repérer ceux qui souffrent d'un cancer du sein. Cette formidable faculté de détection tient à la présence de très nombreux récepteurs olfactifs sur la muqueuse nasale capables d'identifier différentes odeurs, chaque groupe de récepteurs étant mobilisé pour détecter une odeur spécifique.

Les chiens utilisés dans la police pour participer aux séances d'identification des suspects à partir d'indices olfactifs laissés sur les lieux des crimes affichent un taux de réussite de 75 % contre 93 à 100 % pour les chiens de pistage.

Les chiens sont capables d'interpréter les odeurs sexuelles de leurs congénères lorsqu'ils les rencontrent et les saluent. Et, fait encore plus étonnant, de déceler celles d'autres espèces, comme les vaches ou même les humains.

Les chiens interprètent les odeurs sexuelles grâce à un organe particulier, l'organe de Jacobson ou organe voméronasal, situé dans le plancher de la cavité nasale et débouchant derrière les incisives supérieures. Si vous voyez votre chien la gueule légèrement entrouverte et le regard fixe, c'est qu'il est en train d'utiliser cet organe.

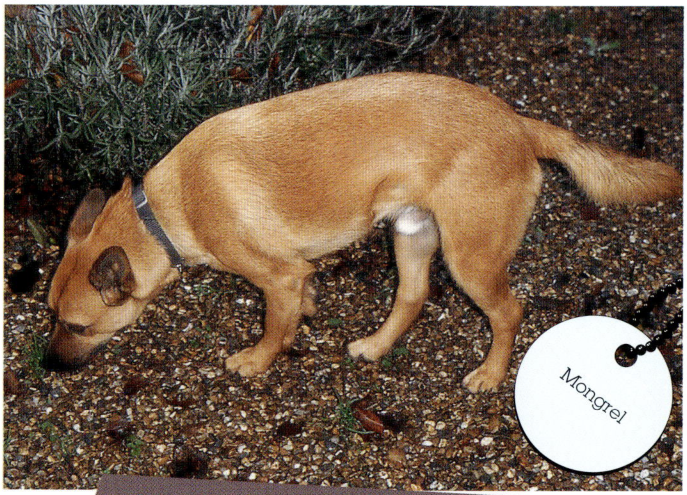

Quelle efficacité !

La muqueuse olfactive d'un nez humain mesure environ 3 cm³, celle d'un chien environ 130 cm³ selon sa race : quoi de plus parlant pour expliquer son odorat si performant ? Certaines races possèdent des cellules olfactives beaucoup plus nombreuses : le Berger allemand, par exemple, en possède près de deux fois plus que le terrier et 45 fois plus que l'être humain.

Entre chien et loup, il voit mieux que nous 30

La plupart des propriétaires de chiens pensent que ces animaux sont purement adaptés à la vision diurne, mais bien que les chiens ne possèdent pas une vision nocturne aussi efficace que celle des chats, ils voient beaucoup mieux que nous dans l'obscurité.

RACES À RISQUE ÉLEVÉ DE TROUBLES OCULAIRES

Cocker anglais, Husky sibérien, Pékinois, Teckel nain à poil long, Berger des Shetland, Border Collie, Labrador, Colley à poil court, Colley à poil long, Golden Retriever, Springer anglais, Berger de Brie, Elkhound, Setter irlandais, Caniche, Lévrier afghan, Chow-Chow, Shar Pei, Terrier Jack Russell, Berger allemand, West Highland White Terrier, Cavalier King Charles, Schnauzer nain, Bull-Terrier du Staffordshire, Terrier de Boston, Cocker américain, etc.

Les orbites du loup et du chien sont disposés de façon à leur donner deux types de vision – une vision binoculaire et une vision périphérique – nécessaires pour chasser dans les milieux ouverts comme fermés. Dans la vision binoculaire, le champ de chaque œil recouvre une partie de celui de l'autre et le cerveau reçoit une même image de deux perspectives différentes, ce qui permet une appréciation du relief et de la profondeur indispensable à tout prédateur. Quant au champ visuel des canidés, il est bien supérieur à celui de l'homme.

Les troubles oculaires héréditaires sont nombreux et courants chez certaines races, d'où la vigilance nécessaire des futurs propriétaires. N'achetez pas précipitamment un chiot parce qu'il est mignon. Commencez par vérifier que l'éleveur possède les certificats prouvant que le chiot est exempt de tares oculaires. De plus, les races à face aplatie ont tendance à avoir des canaux lacrymaux déformés : au lieu de s'évacuer par le nez, les larmes coulent sur la face de l'animal.

Les paupières servent d'abat-jour et de rideaux protecteurs. La troisième paupière, la membrane nictitante, parfois visible dans le coin interne de l'œil, se déploie sous les deux autres paupières, tel un essuie-glace, en cas de souffrance oculaire (irritation). Les larmes sont produites par les glandes lacrymales situées sous la paupière supérieure et à la base de la troisième paupière.

Comme dans un appareil photo, l'iris, l'anneau coloré percé en son centre d'une pupille noire, joue le rôle d'un diaphragme en réglant la quantité de lumière qui pénètre dans l'œil. Mais, outre la luminosité, l'humeur du chien contrôle l'ouverture ou la fermeture de la pupille : si l'animal a peur, sa pupille se dilate pour lui offrir une meilleure vision périphérique, ce qui lui permet de mieux anticiper une attaque latérale. En revanche, si le chien est agressif et prêt à attaquer, sa pupille se rétracte, ce qui améliore la profondeur de son champ de vision et donc la précision de son regard.

Le faisceau lumineux traverse le cristallin avant de venir frapper la rétine. Les chiens possèdent davantage de bâtonnets que de cônes, ces photorécepteurs situés dans la rétine, ce qui favorise leur vision crépusculaire au détriment de leur vision des couleurs.

31 Dans les aigus, il entend mieux que nous

Les chiens peuvent détecter une gamme de fréquences beaucoup plus étendue que les humains et leur aptitude à déceler les hautes fréquences les rend réceptifs aux ultrasons. Mais ils ne sont pas aussi sensibles aux aigus que les chats. Les chiens perçoivent le mieux les fréquences comprises entre 200 et 15 000 hertz, mais ils peuvent entendre des sons inférieurs à 20 hertz si ces derniers sont suffisamment forts.

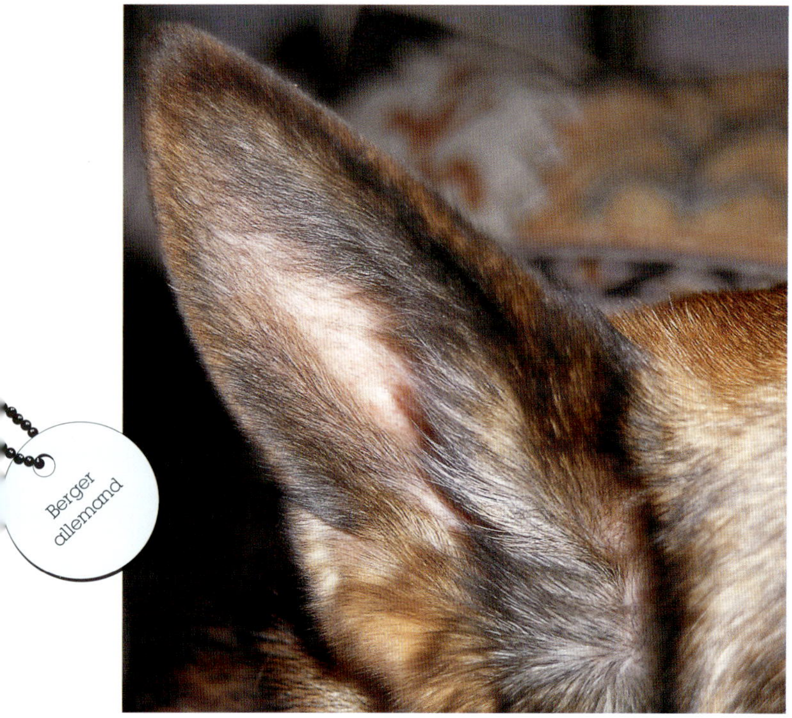

L'oreille du chien est constituée de trois parties : le pavillon, ou oreille externe, est la partie visible où s'ouvre le conduit auditif tapissé de glandes productrices de cérumen. Chez les chiens à oreilles dressées, le cérumen s'assèche naturellement, ce qui n'est pas le cas des chiens à oreilles tombantes, sujets aux bouchons de cérumen susceptibles de provoquer des troubles auditifs.

Dans l'oreille moyenne, une membrane, le tympan, ferme le conduit auditif externe. L'oreille externe recueille et achemine les vibrations de l'air jusqu'au tympan. Dans la caisse du tympan, une chaîne de trois osselets transmet les vibrations du tympan jusqu'à l'oreille interne. Dans l'oreille interne, les ondes traversent un labyrinthe rempli de liquide appelé cochlée où des récepteurs les transforment en signaux pour les acheminer jusqu'au cerveau à travers des nerfs. Les canaux semi-circulaires, également situés dans l'oreille interne et remplis de liquide, détectent le positionnement de l'animal pour favoriser son équilibre.

Une ouïe très performante était indispensable aux ancêtres prédateurs du chien et les races sélectionnées par l'homme pour la finesse de leur ouïe ont gardé des oreilles dressées – par exemple le Husky, le Basenji, le Berger allemand, le Colley et le Welsh Corgie. Les autres ont fait l'objet d'un élevage sélectif qui a perpétué les sujets à oreilles pendantes (Mastiff, Bobtail, Dalmatien, Terrier Jack Russell, Airedale, Épagneul, Basset Hound et Saint-Hubert). Ces races ont une capacité limitée à faire pivoter le pavillon de l'oreille pour localiser les sons, même si la plupart des chiens sont capables de remuer leurs oreilles grâce à un ensemble de 17 muscles. Les chiens à oreilles droites font facilement pivoter leur pavillon pour localiser un son. Le redressement soudain des oreilles suite à la perception d'un son s'appelle le réflexe de Preyer.

Tandis que les oreilles des races qui ont besoin d'une ouïe très sensible sont dressées, les oreilles pendantes peuvent être interprétées à tort comme un signe de soumission. Et outre les malentendus relationnels qu'elles peuvent provoquer, elles sont sujettes aux bouchons de cérumen à l'origine d'otites externes.

Un goût pour les sucreries 32

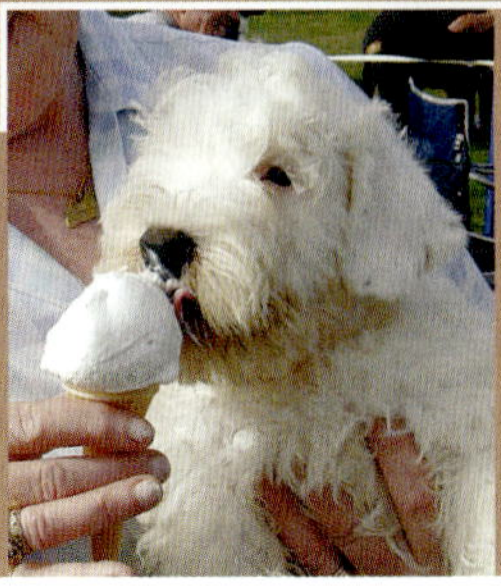

Le goût des chiens pour les sucreries montre clairement que ce sont des carnivores non stricts, contrairement aux chats, exclusivement carnivores et peu sensibles au sucre. Les chiens réagissent positivement au sucre naturel. En revanche, les édulcorants ont une saveur amère qu'ils n'apprécient guère.

La langue du chien est recouverte de nombreuses papilles gustatives dont certaines contiennent des bourgeons gustatifs d'où partent des terminaisons nerveuses spécialisées. Quatre paires de glandes salivaires produisent la salive qui humidifie la langue et la cavité buccale. La salive lubrifie la nourriture, entame la digestion et restaure le goût des aliments secs. La langue du chien contient des récepteurs fibreux sensibles au sucré, à l'amer, à l'acide et au salé.

Les prédateurs, qui ne se nourrissent que de proies, n'ont pas l'occasion de goûter la saveur sucrée dans la nature, qui se limite aux fruits mûrs, au miel et au nectar de certaines fleurs. Les loups mangent des baies. Les chacals dévorent régulièrement des charognes et mangent des fruits de saison, n'hésitant pas à dévaster les vergers. Quant aux coyotes et aux renards, eux aussi charognards, ils se nourrissent de quantités importantes de fruits de saison – lesquels constituent d'ailleurs leur principale source de nourriture à l'automne.

IL A BON GOÛT

L'appareil digestif commence par la cavité buccale, le siège du goût. Grâce au goût, le chien absorbe volontiers certains aliments et en rejette d'autres.
Les toxines alimentaires ont souvent un goût amer et le chien y est sensible. Ses bourgeons gustatifs détecteurs du sucré, situés à l'arrière de la langue, réagissent positivement au sucre naturel. Les bourgeons gustatifs du chien ont une préférence innée pour les acides aminés et les nucléotides, les principaux composants des protéines et donc des aliments carnés.

Le sel est un élément indispensable à la vie – la moitié des récepteurs gustatifs d'une chèvre sont destinés à détecter le salé.
En revanche, le chien détecte mal le salé parce que c'est un carnivore dont le régime alimentaire est naturellement équilibré en sel. Avec l'âge, la sensibilité de ses bourgeons gustatifs diminue.

Le goût du chien lui fait préférer naturellement la viande aux végétaux et, associé à l'odorat, certaines viandes plus que d'autres – le bœuf au poulet, par exemple. Bien qu'il aime les aliments gras, il déteste le rance.
Chez le chien, les dégoûts peuvent résulter de mauvaises expériences – il s'agit alors de réactions, non pas innées, mais acquises. S'il a été malade avec tel ou tel aliment, il aura tendance à l'éviter par la suite.

Si votre chien perd l'appétit parce qu'il est malade, réchauffez-lui un peu sa nourriture afin qu'il la perçoive mieux par le goût et l'odorat.

33 Un carnivore non strict

Même si les chiens sont carnivores, ils apprécient une alimentation assez similaire à la nôtre, bien qu'un peu plus riche en protéines. Une alimentation équilibrée doit leur apporter les protides, les glucides, les lipides, les vitamines (A, B, D et E), les minéraux, les fibres et, bien sûr, l'eau dont ils ont besoin.

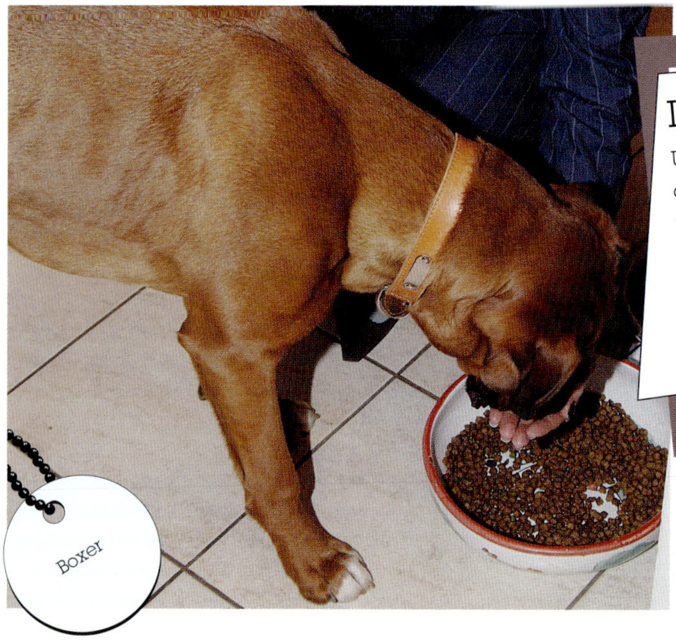

L'eau

Un chien de petite taille comme le Pékinois ou le Papillon doit absorber environ 200 ml d'eau (sous toutes ses formes) par jour ; un chien de taille moyenne comme le Setter irlandais ou le Golden Retriever a besoin d'environ 1 200 ml d'eau par jour ; quant à un chien de grande taille comme le Saint-Bernard, il doit absorber plus de 2 l d'eau par jour. Bien sûr, tous les chiens doivent boire davantage par temps chaud.

ALIMENTATION ET COMPORTEMENT

Si, pendant vos repas, vous prenez l'habitude de distribuer un peu de nourriture à votre chien, il deviendra infernal. Vous risquez aussi d'amoindrir votre autorité et, s'il est plutôt dominant, de renforcer sa dominance.

Ne laissez pas de la nourriture à disposition de votre chien toute la journée, car il doit prendre l'habitude d'uriner et de déféquer à heures fixes. Si vous rencontrez des problèmes de malpropreté avec votre animal, c'est peut-être à cause des mauvaises habitudes alimentaires que vous lui avez fait prendre.

Ne nourrissez votre chien qu'à heures fixes et ne laissez l'écuelle à sa disposition que pendant 20 minutes environ : c'est le meilleur moyen de l'inciter à manger à ce moment-là. Sa digestion et donc son élimination seront bien réglées. Veillez à adapter l'heure de ses repas à vos propres disponibilités – vous devez être là pour le sortir quand il aura besoin d'éliminer.

Vous pouvez cuisiner pour votre chien, mais les aliments industriels ont l'avantage d'être pratiques et de représenter un apport équilibré en vitamines, minéraux et autres éléments. Les aliments complets se suffisent à eux-mêmes, alors que les aliments complémentaires doivent être associés à d'autres.

Essayez d'adapter les rations journalières de votre chien à son poids idéal – lequel est, en partie, en fonction de sa race. Prenez l'habitude de lire les étiquettes des aliments préparés et de respecter les conseils d'utilisation. N'oubliez pas que les aliments complets secs et semi-humides ne renferment pas la même quantité d'eau que les aliments complets humides. De plus, comparés aux aliments secs, les aliments semi-humides ne contiennent pas autant d'eau que vous pourriez le croire. Enfin, ces deux catégories n'apportent pas au chien la quantité de liquide dont il a besoin. (À titre indicatif, il est conseillé de ne donner un aliment à faible teneur en eau qu'à hauteur de 40 % du poids d'un aliment humide, les aliments secs et semi-humides étant plus nutritifs à l'unité de poids). Si vous donnez une ration d'un aliment pauvre en eau identique à celle d'un aliment riche en eau, votre chien prendra vite du poids. Enfin, sachez que le chien ne digère pas totalement les protéines végétales. Limitez donc leur apport pour lui éviter des troubles digestifs.

Ne suralimentez pas votre chien s'il vide rapidement sa gamelle et vous fait savoir qu'il en veut davantage, car vous risquez de le rendre obèse (cf. page 137).

Un appareil digestif de carnivore 34

L'appareil digestif du chien décompose les aliments constitués au départ de protides, de glucides et de lipides complexes pour les simplifier et les transformer en molécules facilement assimilables par l'organisme.

La digestion commence par les dents : le chien possède des canines pour déchiqueter la viande, des prémolaires et des molaires pour mastiquer et broyer les aliments. Ses incisives lui servent à déchirer de façon plus nette la viande autour des os. Une alimentation composée d'aliments mous risque de provoquer l'accumulation de tartre en raison d'une mastication insuffisante. Pour l'éviter, donnez à votre chien des biscuits durs et des os en peau de buffle à mâcher.

Vous pouvez aussi habituer votre animal à accepter la brosse à dents. En effet, la principale cause de déchaussement des dents est la maladie parodontale, une affection due à la plaque dentaire qui s'accompagne d'une haleine fétide et de l'émission abondante de bave.

La décomposition des aliments est facilitée par l'action d'enzymes libérées à différents niveaux de l'appareil digestif – dans la cavité buccale, dans l'estomac et dans l'intestin grêle. La bile de la vésicule biliaire émulsifie les graisses afin de faciliter leur absorption par la paroi intestinale.Les contractions musculaires du tube digestif, le péristaltisme, font progresser le bol alimentaire de la bouche vers l'estomac, puis vers les intestins. Les protides sont transformés en acides aminés, leurs composants élémentaires, et les glucides réduits à leurs composants de base, les oses. Ces molécules simples sont facilement absorbées par l'intestin grêle, tandis que le gros intestin absorbe l'eau.

Des chiots nourris ensemble et donc en situation de compétition vont jusqu'à manger deux fois plus que s'ils étaient seuls. Mais la tendance des chiens à manger plus que nécessaire – simplement parce que leur nourriture est là, devant eux – peut engendrer des problèmes de poids. Cela dit, ils ont des mécanismes de contrôle que vous pouvez influencer : s'ils ont chaud, ils ont tendance à manger moins, s'ils ont froid, à manger davantage. Si vous les nourrissez dans une pièce bien chauffée, ils mangeront donc moins. Mais prendre l'habitude de ne pas les nourrir à table, de ne pas leur distribuer vos restes en plus de leurs repas à heures fixes et de ne pas leur donner de gâteries est le meilleur moyen de contrôler leur poids.

TROUBLES DIGESTIFS

La diarrhée est l'un des troubles les plus fréquents chez le chien : elle est généralement causée par l'absorption d'aliments avariés et ne dure que quelques jours. D'autres causes, de l'intoxication à la parvovirose, une infection virale accompagnée de diarrhées hémorragiques et dont l'issue peut être fatale, nécessitent une consultation chez le vétérinaire. Une diarrhée chronique accompagnée d'une perte de poids progressive peut être due à une insuffisante pancréatique. Cependant, la cause la plus fréquente est l'erreur alimentaire : l'alimentation que vous donnez à votre chien ne lui convient pas et il suffit de la modifier.

La gastrite aiguë est très courante chez le chien, principalement parce qu'il est attiré vers les aliments nauséabonds et mange des fèces et des os. Il en résulte des vomissements salutaires. Quand un chiot vomit, c'est souvent parce qu'il a englouti sa nourriture – une inexpérience et un héritage de ses ancêtres qui, vivant en meutes, étaient en compétition pour accéder à la nourriture et se dépêchaient de manger. Si votre chien est âgé et vomit, n'hésitez pas à consulter votre vétérinaire.

En raison de leur goût pour le sucré, les chiens ont tendance à manger trop d'aliments sucrés, alors évitez de leur donner des sucreries – c'est vous qui êtes responsable de leur santé.

35 Les différents niveaux d'activité des races

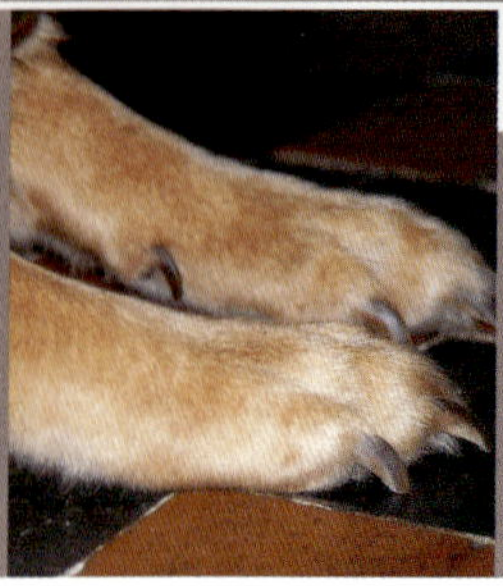

Les besoins d'activité des chiens varient énormément. Les chiens de chasse ont tendance à manger de bon appétit pour supporter les longues quêtes du gibier et à prendre facilement du poids lorsqu'ils deviennent moins actifs. Les terriers sont actifs et modérément gourmands, ce qui favorise leur longévité. Les chiens de garde, de trait et les chiens de berger doivent manger suffisamment pour accomplir leurs tâches. Quant aux petits chiens de compagnie, ils mangent peu mais sont souvent très actifs.

Benjamin Hart, spécialiste du comportement des chiens à l'université Davis, en Californie, a comparé les niveaux d'activité des 56 races les plus fréquemment enregistrées par l'American Kennel Club. Il les a classées en dix groupes par ordre croissant d'activité – le premier correspondant aux chiens les moins actifs et le dixième aux plus actifs.

Premier groupe : Basset Hound, Saint-Hubert, Bulldog, Terre-Neuve, Colley, Saint-Bernard
Dixième groupe : West Highland White Terrier, Terrier irlandais, Fox-Terrier, Schnauzer nain, Chihuahua, Silky Terrier.

Le Basset Hound, court sur pattes, est considéré comme la race la moins active parmi les plus populaires. Sa face ressemble à celle du Saint-Hubert, la deuxième race la moins active, car ce sont des races apparentées. Le fils du célèbre peintre de l'ère victorienne, Sir John Everett Millais, a croisé un basset français avec un Saint-Hubert : il s'agissait du premier cas officiel d'insémination artificielle chez des chiens.

Dans une autre étude, la race la moins active (le Basset Hound) et l'une des plus actives (le Schnauzer nain) ont été comparées sur la base de neuf caractéristiques. Ces caractéristiques sont évaluées sur une échelle de 1 à 10. Les résultats figurent dans le tableau ci-dessous. Les différences comportementales sautent aux yeux.

Caractéristique	Basset Hound	Schnauzer nain
Activité	1	10
Excitabilité	1	10
Prêt à mordre les enfants	1	10
Aboiement excessif	4	10
Défense du territoire	1	10
Dominance sur le maître	3	10
Agressif face aux chiens	4	10
Goût du jeu	1	10
Comportement destructeur	2	8

Chihuahuas ; Basset Hound

C'est pas beau de tirer la langue ! 36

« Il est complètement fou mon chien, il court dans tous les sens, puis s'affale et halète en faisant un bruit de locomotive à vapeur ! » : ce commentaire d'un propriétaire pour décrire le comportement de son animal résume parfaitement le fonctionnement du système de thermorégulation du chien.

Les mammifères sont homéothermes : ils conservent et régulent leur chaleur corporelle de façon à optimiser le fonctionnement de leur métabolisme, contrairement aux animaux hétérothermes, dits « à sang froid », tels les reptiles, dont l'activité est déterminée par la température du milieu. L'homme est un animal qui possède peu de poils pour garder sa chaleur, mais dont la peau renferme de nombreuses glandes sudoripares : la sueur produite rafraîchit l'organisme en s'évaporant. Ses ancêtres vivaient sous des climats chauds où il était important d'évacuer la chaleur, d'où son inefficacité relative à la conserver.

Les chiens et les chats, eux, possèdent une fourrure. Mais le chat est un sprinter dont la stratégie consiste à ne pas courir trop longtemps pour éviter une surchauffe. Le chien, lui, est un coureur de fond dont l'organisme évacue efficacement la chaleur. (Ses nombreux vaisseaux sanguins apportent de l'oxygène à son organisme et lui évitent les crampes).

Les chiens ne transpirent pas par les pores de leur peau, ce qui entraînerait des pertes de chaleur considérables, mais uniquement par leurs coussinets plantaires, et évacuent leur chaleur excessive par l'halètement. Cependant, les capillaires de leur peau se dilatent, comme les nôtres, pour diffuser la chaleur. C'est pourquoi les chiens à fourrure épaisse ont plus de mal à évacuer leur chaleur corporelle.

Pour toutes ces raisons, les grands chiens à morphologie trapue et à poil épais souffrent beaucoup de la chaleur causée par une activité intense ou un environnement chaud (une voiture laissée en plein soleil, par exemple). Le chien est vulnérable à la surchauffe et au coup de chaleur et les chiens en surpoids supportent encore plus mal la chaleur.

Le halètement rapide destiné à rafraîchir l'organisme en augmentant le processus d'évaporation peut sembler contreproductif, puisque cette action produit de la chaleur ! Mais comme il suit la fréquence respiratoire, la consommation d'énergie est plus faible. Tant que le chien peut boire à volonté, le halètement est un mécanisme de thermorégulation efficace, même par temps chaud.

« Hot dogs »

Les chiens ont une température corporelle supérieure à celle de l'homme : 38,6 contre 37 °C. Les grands chiens à morphologie trapue conservent davantage leur chaleur corporelle que les chiens de petite taille et à morphologie longiligne qui évacuent mieux la chaleur grâce à une surface d'évaporation importante par rapport à leur volume.

37 Chiens et chats : les différences

Tous deux carnivores, le chien et le chat partagent quelques traits communs : ils sont peu sensibles à la saveur salée et incapables de focaliser leur regard sur des objets trop rapprochés. Cependant, le chat est un spécialiste de la chasse en solitaire, alors que le chien n'est qu'un simple rouage dans la machine que constitue la meute. Sa fonction reste généraliste et à cet égard la sélection naturelle ne l'a pas obligé à se spécialiser (même si l'homme a développé des races canines spécialisées par l'élevage sélectif).

Chien et chats harets en Thaïlande

Comme les loups, les chiens sont endurants et peuvent poursuivre longtemps leur proie. Comme les chats, ils ont une clavicule rudimentaire qui amplifie leurs mouvements d'épaule, pour allonger leur foulée. Les canidés ont des membres adaptés à la course et leur cheville ne se meut que dans un seul plan, comme une charnière, rendant impossibles les mouvements latéraux. L'extrémité inférieure de la fibula est solidement attachée au tibia pour renforcer la stabilité au détriment de la flexibilité. Le chien peut donc courir très longtemps, mais ne peut pas grimper – si un chat poursuivi par un chien grimpe à un arbre, il ne sera pas rattrapé !

Les membres antérieurs n'ont pas de véritable articulation avec le tronc, les omoplates n'étant maintenues que par de puissants muscles. L'omoplate du chat, excellent grimpeur, est en forme d'éventail pour offrir aux muscles une large surface d'insertion, mais il est plus utile à un coureur de fond comme le chien d'avoir des omoplates longues et étroites pour allonger sa foulée.

Comparées aux pattes du chat et à leurs griffes protractiles très spécialisées, les pattes du chien et leur manque de flexibilité peuvent paraître non spécialisées à première vue. Or il n'en est rien : les pieds et les membres du chien, comme ceux des loups et des chacals, sont parfaitement adaptés aux longues poursuites des proies lors de chasses collectives.

Les chiens, qui se déplacent en prenant appui sur leurs doigts (digitigrades), ont des pieds adaptés à la course d'endurance. Les muscles de leurs membres sont alimentés par un débit sanguin élevé lié à une quantité importante de vaisseaux sanguins (beaucoup plus importante que chez un sprinter comme le chat), car la course d'endurance nécessite un apport constant d'oxygène et de nutriments ainsi qu'une élimination efficace des déchets. Le chien est également favorisé dans ce domaine par sa grande quantité de globules rouges riches en hémoglobine – une qualité particulièrement importante chez les races spécialisées dans la course (chiens de traîneau et lévriers).

Pour distinguer une trace de chien d'une trace de chat, il suffit d'observer la trace des griffes, absente chez le félin. Les larges griffes du chien ne sont pas rétractiles, ce qui favorise l'adhérence au sol dans les courses de fond, mais elles s'émoussent par l'usure. Les griffes du chat sont protégées dans leur fourreau et l'animal ne les sort que pour grimper et capturer ses proies.

Les chiens ont un museau et des dents moins spécialisés que le chat, ce qui est logique pour un animal plus omnivore. Contrairement aux chats, les chiens régurgitent leur nourriture pour nourrir leurs petits grâce à une couche musculaire qui recouvre leur estomac et leur œsophage. Le caecum du chien est plus gros que celui du chat ou d'autres carnivores, ce qui lui permet d'être un carnivore non strict. La flore microbienne de son gros intestin favorise l'assimilation des acides gras.

Le chien possède une touffe de poils sous le menton que le chat, à la face plus aplatie et plus spécialisée, a perdu. Ces poils lui permettent d'obtenir des informations précieuses pour ajuster la hauteur de sa tête lorsqu'il piste une proie.

Chasser, il a ça dans le sang! 38

Une meute de loups déferle le long d'une colline à la poursuite d'un cerf ou d'un caribou : ce qui frappe, ce sont leurs manœuvres aussi bien coordonnées que celles d'une volée d'oiseaux échassiers. Pour chasser en meute, c'est-à-dire en coopération, il faut un comportement mimétique, et les chiens l'ont hérité de leurs ancêtres.

Border Collie et moutons

Les propriétaires de chiens ne doivent pas oublier que leur animal possède un instinct de chasseur profondément ancré en lui. Ils aiment emmener leur chien en promenade dans la campagne et, comme il n'y a pas de voitures, ils ont tendance à lui ôter sa laisse pour le laisser courir en toute liberté. Sur les terres cultivées, ce n'est pas un problème, mais dans les zones d'élevage, le chien doit être tenu en laisse pour l'empêcher de poursuivre le bétail (cf. page 82).

De même, certaines races ont tendance à courir après les voitures et les vélos, ce qui est dangereux pour elles comme pour les conducteurs, et à pourchasser les chats. En sortant ses griffes, le félin acculé dissuade le canidé de s'approcher davantage, mais ces « scènes de chasse » en milieu urbain doivent être prévenues par l'éducation.

Une meute de loups, d'une quinzaine d'individus, peut chasser des animaux de grande taille. Elle choisit ceux qui courent le moins vite et semblent les plus vulnérables ; une proie qui se défend avec force est généralement délaissée. En poursuivant une harde d'animaux brouteurs, la meute tente de les déplacer vers un endroit précis et de les encercler – une action similaire à celle des chiens de berger, qui rassemblent et conduisent les troupeaux.

Les loups ne sont pas très rapides comparés à certaines proies, mais très endurants, une qualité dont le chien a hérité et qui se manifeste par son goût des longues promenades. Les loups abandonnent généralement la poursuite s'ils rencontrent une forte résistance de la proie, mais la sélection opérée par l'homme sur les terriers pousse cette race à poursuivre l'attaque quelle que soit la résistance rencontrée.

Quand la meute de loups a réussi à isoler une proie imposante, elle cherche à saisir en premier les membres postérieurs, puis la croupe et les flancs. Enfin, l'un des individus la saisit au museau. Même si la plupart des races de chiens se comporteraient de manière similaire dans une telle situation, le Bulldog a été sélectionné à l'origine pour sa tendance à saisir le museau du taureau dans ses mâchoires puissantes et à ne plus le lâcher. Mais aujourd'hui les éleveurs ne recherchent plus en lui les caractéristiques du chien de combat.

Les chiens de berger doivent, quant à eux, manifester une agressivité suffisante pour poursuivre les moutons. Bien sûr, ils sont dressés pour maîtriser leur agressivité. Les grands chiens utilisés pour rassembler et conduire les troupeaux devaient aussi les protéger des prédateurs et, par conséquent, se montrer agressifs si nécessaire.

39 La sexualité de nos canidés

Du loup au chien domestique en passant par le lycaon (représenté ci-contre), l'accouplement et les rituels qui le précèdent n'ont pratiquement pas évolué. L'accouplement ne se produit que si la femelle est en période d'œstrus et, comme chez la plupart des mammifères, les hormones libérées par l'hypophyse provoquent la croissance des follicules ovariens et l'ovulation.

Les chaleurs de la chienne durent en moyenne 18 jours. Elles comportent deux périodes : le proœstrus et l'œstrus. Dans la première phase, la femelle commence à attirer les mâles et à leur faire des avances, mais elle refuse de se laisser saillir.

La chienne accepte le mâle dès qu'elle entre en période d'œstrus. Elle reste réceptive plusieurs jours au cours desquels elle peut s'accoupler à plusieurs reprises et demeure fécondable pendant cinq jours environ. Juste avant l'accouplement, le mâle renifle la tête et la vulve de la femelle et cette dernière répond en flairant aussi son partenaire. Les deux partenaires étirent de temps en temps leurs pattes antérieures au sol en gardant l'arrière-main relevé. Ils peuvent se mettre à jouer, s'entourant mutuellement le cou avec leurs pattes antérieures.

Toutefois, la domestication permet aux chiennes d'atteindre leur maturité sexuelle avant l'âge de deux ans, alors que les louves ne peuvent se reproduire qu'à l'âge de deux ou trois ans. La plupart des chiennes peuvent être en chaleur deux fois par an contre seulement une fois par an chez les femelles du Loup, du Lycaon et du Basenji.

Lorsque la femelle (domestique ou sauvage) est prête à s'accoupler, elle adopte une posture caractérisée par une déviation latérale de la queue. Le mâle la monte, enserrant ses flancs dans ses membres antérieurs, puis insère son pénis dans son vagin et donne des poussées rythmiques.

Le cycle sexuel de la chienne est gouverné par ses hormones, stimulées par le développement des ovules à l'intérieur des ovaires. Au cours de sa croissance, chaque ovule est entouré de cellules de soutien qui produisent des œstrogènes, hormones qui provoquent l'épaississement de la paroi utérine et le gonflement de la vulve. La période de proœstrus s'accompagne d'un écoulement sanguinolent, différent du sang menstruel. Arrivés à maturité, les ovules sont libérés pendant deux ou trois jours – la période d'ovulation – et les cellules de soutien restées en place se mettent à fabriquer de la progestérone. La femelle ne perd plus de sang et elle est prête à accepter le mâle.

Lycaons

Inséparables au sens propre 40

Une fois qu'ils se sont accouplés, les deux partenaires sont dans l'impossibilité de se séparer. Selon un mécanisme unique chez les canidés, l'intromission du pénis entraîne le gonflement du bulbe du gland et le verrouillage des deux partenaires. On a longtemps ignoré la raison de ce phénomène, car le verrouillage semble rendre l'animal provisoirement vulnérable à une attaque potentielle.

Il a été suggéré que le verrouillage permettait l'accouplement. Mais il n'intervient pas tout de suite dans l'accouplement, en fait, il accompagne l'éjaculation et donne au mâle le temps d'évacuer son sperme et la certitude que celui-ci atteindra son but.

Pour mieux comprendre le verrouillage, il suffit de comparer les modes de vie des félidés et des canidés et, en particulier, l'adaptation du pénis qui en résulte. Le chat est un animal solitaire farouchement attaché à son territoire qui a besoin d'un mécanisme donnant aux mâles le temps de se rassembler. Le pénis du mâle est doté de papilles épineuses qui déclenchent l'ovulation chez la femelle.

Les canidés rencontrent le problème inverse et le résolvent grâce au verrouillage. Animal de meute, le loup doit faire face à des mâles rivaux déjà sur place. Une fois l'accouplement réalisé, le verrouillage empêche un autre mâle de monter la femelle pendant un laps de temps qui peut atteindre une heure.

Lorsque le chien mâle monte la femelle et effectue des poussées rythmiques, il éjacule un liquide clair dépourvu de sperme. À mesure que le pénis s'enfonce plus profondément dans le vagin, le bulbe du gland gonfle et le pénis tout entier entre en érection, verrouillant les deux partenaires. Ce n'est qu'à ce moment là que le mâle éjacule du sperme. Le mâle tente alors de se retirer, mais le verrouillage l'en empêche, et les deux partenaires se retrouvent dos à dos. Cette rotation ralentit le débit sanguin, maintenant le pénis en érection. Le couple peut rester verrouillé une demi-heure, phase pendant laquelle une troisième éjaculation du mâle, dépourvue de sperme, entraîne le sperme libéré précédemment plus loin dans le vagin de la femelle. Comme le volume de sperme émis précédemment était faible et déposé dans la partie inférieure du vagin, ce flot de liquide augmente les chances de fécondation de la femelle. Mais il n'est sécrété que si les partenaires sont verrouillés.

Environ 63 jours s'écoulent entre l'accouplement et la mise bas. Les ovules ne s'implantent pas dans la muqueuse utérine dès leur fécondation. Les vésicules embryonnaires se développent en utilisant les éléments nutritifs contenus dans le corps jaune et, lorsqu'elles s'implantent dans la paroi de l'utérus, elles se positionnent en chapelet, les unes à la suite des autres. Une fois la nidation réalisée et le placenta mis en place, l'embryon est nourri par la mère.

La présence d'un embryon est décelable par un vétérinaire capable de poser son diagnostic environ trois semaines et demie après l'accouplement. C'est à cette époque que les glandes mammaires de la chienne commencent à grossir.

Au cours de la gestation, il est nécessaire d'augmenter les rations alimentaires de la chienne et de lui donner des compléments en calcium ou autres minéraux. N'oubliez pas la nécessité d'un exercice physique régulier et pensez à préparer une caisse ou une couche où votre chienne pourra tranquillement mettre bas.

Attention !

N'essayez jamais de séparer deux chiens verrouillés, car vous risqueriez d'endommager leurs organes sexuels. Si vous êtes témoin d'un accouplement accidentel entre votre chienne à pedigree et un mâle inconnu, consultez votre vétérinaire.

4

Éduquer un chien, c'est quoi ?

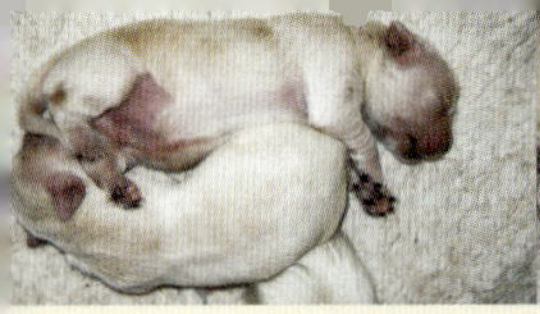

Petit chiot deviendra grand

Les chiots naissent avec un système nerveux inachevé et dépendent totalement des soins de leur mère. Les Labradors et les Golden Retrievers sont des races très populaires, d'où le choix de présenter le développement de chiots Golden Retriever. Même si le rythme du développement peut varier légèrement d'une race à l'autre, les étapes sont identiques. Les chiots photographiés à droite sont âgés de deux jours.

Semaine 1

Période néonatale

Le chiot naît sourd et aveugle avec une grosse tête en forme de goutte.
Sa face, son nez et ses pattes sont roses les deux ou trois premiers jours.

Le chiot reste allongé la tête contre le sol au milieu de ses compagnons de portée.
Il est incapable de soulever sa tête.

Le chiot nouveau-né a un « réflexe de fouissement » lui permettant de trouver une mamelle, source de chaleur et de nourriture.
Il a tendance à s'enfoncer dans toute surface molle et chaude, car il est incapable de maintenir seul sa chaleur corporelle. Il a aussi un « réflexe de succion » qui le pousse à téter. Dans les premiers jours qui suivent la naissance, il passe près d'un tiers de son temps à téter. Sa face est sensible au toucher, ce qui lui permet de s'orienter vers la mamelle.

Le chiot balance automatiquement sa tête si vous touchez son flanc ou sa face.
Ce mouvement lui permet de « se décoller » de ses compagnons de portée. Cependant, un très jeune chiot n'a pas suffisamment de force dans les membres pour se déplacer vraiment et se tenir sur ses pattes et il passe son temps à dormir et téter. S'il tombe du nid, il ne peut pas y retourner tout seul, mais son appel de détresse est entendu par sa mère. Le son émis dépend de la race : un Chihuahua gémit, alors qu'un Setter irlandais jappe déjà au bout d'un jour.

Quand on le saisit par le cou, le chiot devient tout mou, comme en position fœtale.
Cela permet à la mère de le déplacer plus facilement. Mais quatre à cinq jours après sa naissance, le chiot fait jouer les muscles fléchisseurs de ses membres lorsqu'on le saisit par le cou.

Dès la fin de la première semaine les pattes du chiot Retriever sont recouvertes d'un léger duvet.
Le chiot possède aussi un léger duvet soyeux sur la face. La pigmentation de ses coussinets plantaires et de sa truffe s'assombrit et la couleur rose de sa face laisse place à une teinte chair.

Semaine 2

Période néonatale

La vocalisation se développe rapidement.
À 10 jours un chiot Chihuahua peut japper et à 14 jours aboyer, alors qu'un chiot Setter irlandais aboie dès 10 jours.

Les deux premières semaines la mère reste près de ses chiots.
Le sommeil du chiot est ponctué de petits mouvements saccadés. La mère incite le chiot à uriner et déféquer en lui léchant sa région périnéale, puis avale les urines et les excréments. Chez les loups, cette période correspond à celle pendant laquelle les petits restent avec la femelle dominante dans la tanière souterraine. La louve consomme les déchets pour limiter les risques de maladie et éviter d'attirer les prédateurs.

Les yeux du chiot commencent à s'ouvrir à environ 10 jours.
Mais on constate des différences selon les races : à 14 jours 95 % des Cockers ou des Beagles ont ouvert les yeux, environ 33 % des bergers des Shetland et un peu plus de 10 % des Fox-Terriers. Sur les chiots Golden Retriever de deux semaines représentés ici, un seul commençait à ouvrir un œil.

La pigmentation continue de s'accentuer sur le museau et les pattes. La truffe est désormais toute noire.

Le poil se développe nettement.

Le chiot ne peut toujours pas soulever sa tête.

Semaine 3

Période de transition

Entre la période néonatale de 0 à 2 semaines et la période de socialisation qui commence à 4 semaines se situe une phase de développement très importante à la 3e semaine : la période de transition.

Le chiot réussit pour la première fois à décoller son ventre du sol un court instant en s'appuyant sur ses pattes.
Après avoir pris appui sur ses pattes antérieures, puis postérieures, il se soulève sur ses quatre pattes. Ses déplacements se situent entre la reptation et la marche. Il tire les oreilles de ses compagnons pour jouer, mais la plupart du temps allongé !

Il passe encore l'essentiel de son temps à dormir et téter.
En tétant, le chiot laisse encore ses pattes postérieures traîner derrière lui. Il peut se déplacer en avant et en arrière.

Il peut désormais soulever sa tête, mais sans la tenir droite.

Les yeux sont ouverts et sensibles à la lumière. Les oreilles sont ouvertes et le chiot réagit aux bruits.

Le chiot est plus mobile et effectue ses premières sorties du nid.
Il émet un petit jappement de détresse pour que sa mère le ramène dans le nid.

Il accepte volontiers de petits morceaux de viande, mais continue de téter.
Avec ce changement alimentaire, la mère n'a plus besoin de provoquer le réflexe d'élimination du chiot en lui léchant la région périnéale.

Grâce à sa mobilité accrue, le chiot fait ses besoins en dehors du nid.

Les chiots commencent à communiquer entre eux.
Ils remuent la queue et poussent de petits grondements, mais ils ne sont pas agressifs à ce stade.

Ils entrent plus facilement en contact avec l'homme.
Si vous les tenez dans vos bras, ils peuvent vous lécher le visage.

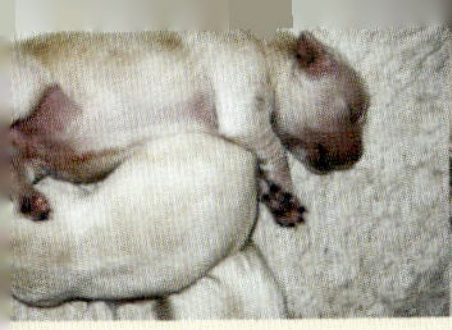

La période de socialisation démarre à la quatrième semaine et s'achève à la fin de la dixième semaine.

Semaine 4

Période de socialisation

Le système nerveux du chiot continue sa croissance.
Les nerfs de la moelle épinière développent leur gaine de myéline. Le développement neurosensoriel du chiot lui permet de commencer à jouer.

Le chiot développe son langage en remuant la queue et en levant une patte antérieure.
On constate des différences selon les races : dans les portées de Cockers par exemple, les plus précoces commencent à remuer la queue à la 3e semaine, les plus tardifs à la 6e semaine et les autres à la 4e semaine. Chez les Basenjis, les plus précoces commencent à remuer la queue à la fin de la 4e semaine, les plus tardifs à la 13e semaine et les autres à la 6e semaine.

Au cours des 5e et 6e semaines, les dents du chiot commencent à percer.
Le chiot reçoit davantage d'aliments solides et la mère limite de plus en plus les tétées.

Les aboiements « pour jouer » accompagnent le développement du comportement ludique entre la 4e et la 7e semaine.
Les chiots passent de plus en plus de temps à explorer leur environnement et jouer ensemble et de moins en moins de temps à se nourrir et dormir.

Semaine 5

Période de socialisation

Si vous tendez votre doigt au chiot, il va le sucer avec joie.

En jappant fort, le chiot découvre ses premières dents, mais toutes n'ont pas complètement percé. À ce stade le chiot a subit un changement important et passe le plus clair de son temps hors du nid.
Il se tient solidement sur ses quatre pattes et s'intéresse aux humains qui l'entourent. Il marche, mais d'une allure encore hésitante.
Les chiots jouent à se mordiller et à se donner des coups de pattes, leurs jeux devenant plus remuants et plus élaborés.

La 5e semaine est une période sensible pour l'acquisition des relations sociales.
Les chiots bondissent les uns sur les autres, se secouent (comportements liés à la prédation) et jouent à s'accoupler.

Le chiot garde sa face ronde de bébé mais ses yeux sont beaucoup plus ouverts.

Semaine 6

Période de socialisation

Le chiot mange volontiers des aliments solides, mais continue de vouloir téter sa mère.
La persistance des tétées empêche le lait maternel de se tarir. Au cours des 4e et 5e semaines, avec la croissance des dents, la mère devient de moins en moins disposée à nourrir ses petits et si ces derniers ont déjà une nourriture solide, ils recherchent moins les tétées.
De nombreux éleveurs choisissent de sevrer les chiots à 6 semaines pour leur laisser au moins une semaine avant d'entrer dans un nouveau foyer et éviter l'anxiété de séparation. Mais si la mère est autorisée à continuer d'allaiter, son lait ne se tarit pas avant la 7e ou la 10e semaine.

La mère peut régurgiter son propre repas pour nourrir ses petits.
Ce comportement est normal à ce stade. C'est le mode de sevrage ancestral des chiennes et des louves : elles donnent à leurs petits des aliments solides, mais déjà partiellement décomposés.

Le jeu devient plus interactif.
Les chiots « attaquent » vos lacets de chaussures et se lèchent plus souvent en jouant. Ils entrent aussi en contact avec les objets, déchirant et mâchouillant du papier. Les chiots Golden Retriever continuent de grandir et leur poil pousse considérablement. Leur force et leur mobilité augmentent : ils peuvent désormais prendre appui sur leurs pattes postérieures et poser leurs antérieurs sur un support.

Semaine 7

Période de socialisation

Les chiots sont désormais très actifs.
S'ils sont autorisés à sortir dans le jardin en compagnie de leur mère et de leur maître, ils vont explorer tout ce qui les entoure avec impatience. En remuant leur queue, ils trottinent et trébuchent les uns contre les autres, multiplient les contacts avec leur mère et leur maître, plongent dans les massifs de fleurs et mâchouillent des plantes.

Ils ont beaucoup grandi et continuent de prendre rapidement du poids.
Ils conservent leurs formes rondes, poupines, et leur nature attachante.

41 Qui dit jeu dit règles du jeu

Les chiens sont des animaux sociaux et le jeu est un élément important de leur développement. Les chiots ont besoin des contacts sociaux que le jeu implique, en particulier jusqu'à l'âge de huit semaines, lorsqu'ils sont généralement sevrés et ne recherchent plus à tout prix de nouveaux stimuli. En grandissant, le chiot doit apprendre à respecter la position dominante de son maître et les règles du jeu qu'il lui impose.

Le chiot joue dès la 3e semaine, lorsqu'il entre en période de transition, et de plus en plus à partir de la 4e semaine et tout au long de la période de socialisation. Il fait comprendre qu'il veut jouer en levant l'une de ses pattes antérieures. Les rituels d'invitation au jeu se multiplient pour inclure la « révérence ludique » : le chiot fléchit ses membres antérieurs, prend appui sur ses coudes en relevant son arrière-train, lève la tête, remue vigoureusement la queue et aboie. Il peut aussi alterner approches et retraits pour vous inciter à venir jouer avec lui.

Les compagnons de portée jouent ensemble, pour apprendre, s'autocontrôler et se fixer des limites.

Labrador noir

Les contacts que vous développez en jouant aident les plus jeunes chiots à avoir davantage confiance en notre espèce. En grandissant, ils veulent jouer avec nous de manière plus interactive, ils s'aperçoivent rapidement qu'ils ne peuvent pas jouer à se battre avec nous comme ils le font entre eux. Ils nous considèrent alors comme des rivaux juvéniles et non comme des adultes. S'ils réussissent à nous arracher des jouets, ils nous prennent pour des dominés, ce qui risque de poser des problèmes à l'avenir. Alors évitez de laisser votre chien vous mordiller la main pour jouer, ce qui le conforterait dans l'idée qu'il vous domine.

Le jeu doit faire partie de l'éducation du chiot et les jeux de balle lui permettent d'apprendre à rapporter un objet. Cacher des objets pour l'obliger à les chercher peut également vous amuser beaucoup tous les deux, mais à condition que ce soit vous qui initiez et dirigiez le jeu.

Les chiots adorent jouer à la balle et attendent de leur maître qu'il leur lance un objet pour qu'ils le lui rapportent. Ils viennent donc le solliciter la balle dans la gueule. Mais si le maître cède, ils auront un sentiment de dominance. C'est donc toujours à l'homme de prendre l'initiative du jeu.

Chiots Golden Retriever

L'inhibition de la morsure

Les chiots jouent entre eux et se mordent dans le cadre d'un « combat ludique » qui leur apprend à s'autocontrôler et à savoir jusqu'où ils peuvent aller. Ils acquièrent le réflexe d'inhibition de la morsure. Ne laissez pas votre chiot vous mordre.

La domestication a fait du chien un animal plus joueur que son ancêtre sauvage. Les chiots domestiqués ont eu une période de socialisation de plus en plus longue et leur enfance prolongée leur a donné davantage le temps de jouer et de s'habituer à nous.
Attirés par la récompense offerte par l'homme, des loups moins méfiants se sont domestiqués de leur plein gré, modifiant génétiquement le rythme de développement de leurs louveteaux, rendant certains d'entre eux plus « juvéniles » dans leur morphologie et plus infantiles dans leur comportement à l'âge adulte.

Renard argenté domestiqué Vulpes vulpes

LA SÉLECTION SUR DES CRITÈRES DE DOCILITÉ ET DE GOÛT DU JEU

On a toujours affirmé que les hommes sélectionnaient les chiens pour obtenir des individus moins menaçants, aux qualités proches de celles des chiots. Des expériences réalisées au cours de ces cinquante dernières années ont suggéré d'autres possibilités. Depuis 1959, des généticiens russes font se reproduire uniquement des renards argentés peu méfiants vis-à-vis de l'homme. La docilité et la sociabilité des individus s'améliore de génération en génération : ils veulent jouer avec les humains, les lèchent et remuent la queue. Ces renards ont été manipulés le moins possible pour éviter l'habituation – leur transformation est donc essentiellement génétique (cf. pages 24 et 33).

Leur docilité accrue s'est accompagnée de changements : leur poil a changé, ils ont développé des oreilles tombantes, parfois une queue enroulée, et leur boîte crânienne, ainsi que leurs mâchoires, sont devenues plus petites.

Un maître doit éviter d'offrir trop de jouets à son chien pour montrer qu'il l'aime. Sinon, il aura du mal à s'imposer comme chef de meute. De plus, des jouets trop nombreux sont moins significatifs individuellement et moins attachés, pour le chien, à la notion de récompense. C'est pourquoi mieux vaut ranger tous les jouets après une séance de jeu. Votre chien se rendra compte que ce sont les vôtres et qu'il peut y jouer avec quand vous lui en donnez l'autorisation.

Le jeu est plus fréquent chez les jeunes que chez les adultes. Il permet au chien d'acquérir des postures propres à la chasse. Ce qui fait que le jeu reste un jeu, c'est que les chiots ont appris l'inhibition de la morsure et que même à partir de la 4e semaine, avec l'intensification des contacts sociaux, leur face juvénile et leurs oreilles tombantes ne leur permettent pas d'être menaçants. Et quand notre chien est devenu adulte, nous aimons continuer de le voir jouer avec exubérance. C'est la raison pour laquelle les éleveurs sélectionnent comme animaux de compagnie les individus les plus joueurs et les moins agressifs.

42 Des étapes clés à bien négocier

L'apprentissage permet de se préparer à la vie adulte et le chiot traverse des périodes dites critiques, c'est-à-dire particulièrement propices à l'apprentissage, au cours de son développement. Même si les chiens peuvent continuer d'apprendre plus tard, ils sont programmés pour mieux assimiler les informations à des phases précises de leur développement.

Le chiot naît avec des sens très limités mais suffisants pour téter sa mère puis, par le processus d'imprégnation, apprend qu'il est un chien. Il développe alors des liens sociaux en jouant avec ses compagnons de portée. Les périodes critiques pour la socialisation du chiot à l'espèce humaine se situent dès la 2e et la 3e semaine, puis entre la 6e et la 8e semaine, au moment du sevrage. S'ils ne sont pas suffisamment manipulés au cours de ces périodes, les chiots resteront craintifs vis-à-vis de l'homme et risqueront de mordre par peur.

Une autre période critique commence autour de la 5e semaine, avec l'apparition de réflexes prédateurs comme bondir sur la proie et la secouer, lorsque les chiots jouent entre eux. Les chiots de moins de 10 semaines essaient de s'immobiliser mutuellement en se bondissant dessus avec leurs membres antérieurs (un mouvement similaire à celui du renard).

La période de transition est peut-être la semaine la plus cruciale dans le développement du chiot. Elle commence avec l'ouverture des yeux et s'achève avec la perception des sons. Cette période ne correspond pas toujours à la 3e semaine, la chronologie variant selon les races. Les chiots deviennent beaucoup plus mobiles, commencent à communiquer entre eux et à réagir à nos sollicitations.

La phase suivante, la période de socialisation, constitue aussi une étape marquante : l'accélération du développement du système nerveux coïncide avec l'accélération de la croissance du corps, ce qui représente une association propice à la formation des liens sociaux et à l'acquisition de comportements fondamentaux.

Ainsi, si nous profitons de la période de socialisation pour socialiser les chiots et les habituer au contact de leurs congénères et des humains, nous tirons parti de l'état favorable de leur système biologique pour intégrer les individus qui font partie de leur environnement dans leur groupe social. Si, pendant cette période, les chiots ne sont élevés qu'avec des chatons, ils développeront de bons contacts avec les chats, mais pas avec les chiens. Selon Scott et Fuller, la période de socialisation s'étale entre la 3e et la 12e semaine suivant la naissance. Après 12 semaines, une prudence et une crainte accrues vis-à-vis des expériences nouvelles ralentit la progression des chiots.

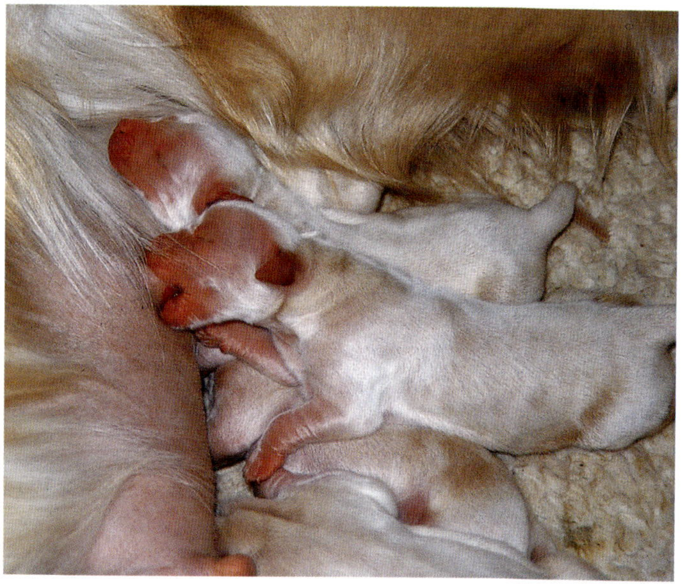

Incontournable : la socialisation

43

Un chien qui n'a pas été socialisé aux humains et à leur mode de vie est parfaitement adapté à la vie sauvage ou à un retour à la vie sauvage puisqu'il se méfie de l'homme. Cependant, la socialisation est indispensable au chien qui sera amené à vivre au contact de l'homme dans des conditions optimales.

Un chien qui n'a pas été correctement socialisé à ses congénères ne sera jamais un animal heureux. Un chiot séparé de ses compagnons de portée au cours de la période de socialisation n'a pas eu le temps d'apprendre le bien-fondé de certains comportements et aura tendance à mordre une fois adulte, se montrant exagérément craintif envers son entourage, lors des sorties.

Vous devez absolument habituer votre chiot au contact d'autres personnes que vous. Faites-le doucement, en commençant par demander à l'étranger de s'asseoir dans une position qui ne sera pas perçue comme menaçante. De même, la socialisation du chiot aux enfants est indispensable. Mais elle implique une éducation préalable des enfants, par exemple avoir une attitude calme, raisonnable et caresser doucement le chiot.

Une fois que vous avez séparé votre chiot de ses compagnons de portée et que vous l'avez fait vacciner, vous devez lui faire rencontrer d'autres chiots, en le conduisant, au moins une fois par semaine, à des cours de socialisation pour chiots. Il apprendra à distinguer ce qu'il peut faire avec ses congénères, tout cela dans un lieu surveillé. Un chiot doit savoir inhiber ses morsures et apprendre les rapports hiérarchiques, en particulier le respect et la soumission.

COMMENT L'HABITUER À SON ENVIRONNEMENT ?

- Habituez votre chiot aux appareils électroménagers.
- Habituez-le aux voyages en voiture.
- Lorsque vous commencez à sortir votre chiot, choisissez d'abord une rue calme, où il puisse voir une voiture passer de temps en temps sans s'effrayer, et donnez-lui une friandise. Passez progressivement à des rues plus animées.
- Après les classes pour chiots, passez aux cours d'éducation pour chiens : votre animal pourra multiplier les contacts avec ses congénères.

44

Mâle ou femelle ?

Vous souhaitez acquérir un chien. Après le choix de la race, le deuxième critère est celui du sexe. Les comportements des mâles et des femelles ne sont pas les mêmes : les mâles sont plus dominants et ont un comportement plus agressifs alors que les femelles sont plus obéissantes et apprennent plus facilement la propreté.

Chiots Springers anglais

En général, les mâles ont fortement tendance à manifester leur dominance vis-à-vis de leur maître et ont un comportement agressif envers leurs congénères. En revanche, les femelles apprennent plus facilement la propreté et sont plus obéissantes que les mâles de la même race. Ces différences s'expliquent par le rôle que les mâles ont toujours joué dans la structure hiérarchique de la meute.

CHOIX DU SEXE EN FONCTION DE LA RACE

Si vous envisagez d'acquérir une race peu agressive comme le Golden Retriever ou le Basset Hound, le choix d'un mâle ou d'une femelle importe peu. Cependant, chez des chiens très agressifs comme le Schnauzer nain ou modérément agressifs comme le Caniche, la différence entre les mâles et les femelles est considérable et les mâles sont beaucoup plus agressifs. Si vous voulez un animal facile à vivre et à éduquer, choisissez plutôt une femelle.

La conclusion d'une récente étude est la suivante : même s'il n'existe pas de différence notable entre les mâles et les femelles concernant les aboiements excessifs et l'excitabilité, les mâles ont tendance à défendre davantage leur territoire, à se montrer destructeurs et à mordre les enfants. Ils sont également plus enclins à vagabonder.

Le chien mâle lève une patte pour uriner, en particulier pour marquer de son odeur les supports verticaux. Ce marquage urinaire, qui peut poser problème au foyer, est presque toujours associé au comportement des mâles dominants. De plus, les mâles sont plus susceptibles de chercher à se frotter avec les jambes des visiteurs ou de s'accoupler avec des chiennes et d'explorer les personnes de sexe féminin en reniflant leurs parties génitales.

D'autres études ont révélé des comportements différents entre les mâles et les femelles vis-à-vis des personnes qui s'en occupaient au quotidien. Alors que les chiennes ne semblent pas manifester de préférence sexuelle particulière, les chiens paraissent plus réceptifs aux personnes de sexe féminin.

Enfin, ce sont majoritairement les propriétaires de chiens mâles qui consultent un « psy » comportementaliste.

45 Le chien « ado »

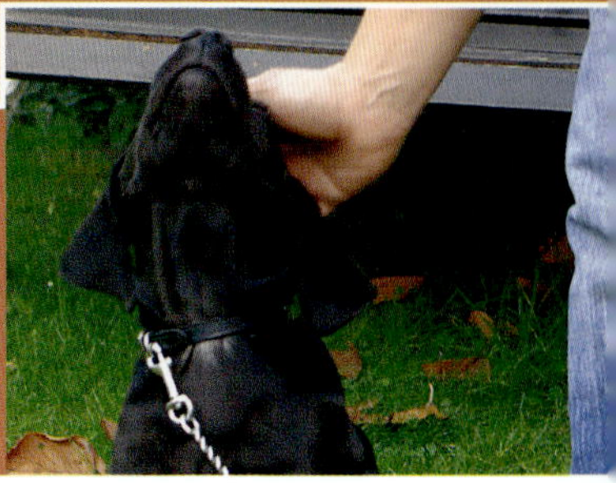

La période comprise entre la 10e semaine et la maturité sexuelle est appelée période juvénile. Même si le comportement général du chiot ne subit pas de transformation spectaculaire, la motricité du jeune animal s'améliore, ses muscles se développent et, par conséquent, son activité musculaire se renforce. De plus, il apprend à adapter son comportement aux circonstances et à se comporter correctement.

Dès l'âge de 12 semaines, le chiot passe son temps à explorer son environnement. Ses appels de détresse sont de moins en moins fréquents, ce qui révèle sa capacité d'autonomie croissante. C'est au cours de la période juvénile que le chiot mâle commence à lever une patte postérieure pour uriner, bien que l'apparition de cette caractéristique comportementale varie selon les individus. En effet, cette posture de miction étant associée au marquage odorant chez les chiens adultes, la position hiérarchique de l'individu peut l'influencer et, d'ailleurs, on constate son apparition plus tardive chez les canidés de rang inférieur.

Le début de la puberté varie selon la race et le sexe du chien. Les mâles âgés d'environ 4 mois commencent à s'intéresser aux femelles en chaleur, mais ils ne sont capables d'une intromission complète de leur pénis susceptible de déboucher sur un rapport fécondant qu'à partir de 7 ou 8 mois. Avant leurs premières chaleurs, les femelles ne sont nullement attirées par les mâles, mais dès qu'elles deviennent sexuellement réceptives, elles attirent et acceptent les mâles. Elles sont aptes à s'accoupler à partir du 10e jour de leurs premières chaleurs.

L'ENTRÉE DANS UN NOUVEAU FOYER

On a constaté que les chiots qui quittaient l'éleveur pour intégrer un nouveau foyer à l'âge de 12 semaines étaient ensuite plus faciles à éduquer que ceux qui l'intégraient à 14 semaines. Néanmoins, même s'ils possèdent un système nerveux déjà bien développé, les « ados » ont du mal à apprendre des tâches complexes ; très excitables et facilement dispersés, ils ne peuvent fixer longtemps leur attention. Toujours est-il que le maître doit soumettre son chiot à une éducation passive, c'est-à-dire jouer avec lui et le mettre en contact avec d'autres personnes en sa présence. La capacité du jeune animal à résoudre des problèmes et apprendre de nouvelles choses plus tard s'en trouvera améliorée. Le maître doit veiller à ce que son chiot ne soit pas confronté à un trop grand nombre de situations traumatisantes.

En général, il est conseillé d'insérer le chiot dans son nouveau foyer dès l'âge de 8 semaines. En fait, s'il a passé l'essentiel de ses journées à jouer avec ses compagnons de portée et d'autres congénères, il sera moins à l'aise avec l'homme à l'âge adulte.

46 Les traumatismes de l'enfance

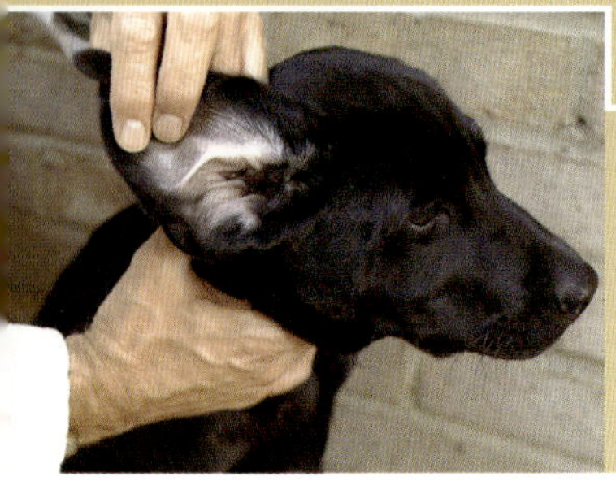

Tout comme l'enfant est un futur adulte, le chiot est un futur chien et ce qu'il aura vécu dans son enfance déterminera son comportement à l'âge adulte. Aujourd'hui, on comprend mieux l'importance des événements vécus dans l'enfance dans le développement de l'animal, mais les répercussions des maladies ou des soins vétérinaires sont encore largement négligées.

Selon les résultats d'une étude vétérinaire réalisée sur un échantillon de plus de 500 chiens dont 13 % avaient été malades avant l'âge de 16 semaines, il existe un lien entre les maladies infantiles et des troubles comportementaux à l'âge adulte tels que l'agressivité de dominance, l'agressivité envers les étrangers et la peur des étrangers et des enfants. Les chiens qui ont été malades durant l'enfance sont plus sujets à des aboiements intempestifs liés à une anxiété de séparation et à des troubles du comportement sexuel.

La crainte à l'égard des étrangers et des enfants résulte d'un manque de socialisation, alors que l'agressivité de dominance, les aboiements intempestifs et les troubles du comportement sexuel sont liés à une surprotection de la part du maître.

Il est cependant très difficile d'établir des liens directs de cause à effet, car de nombreux événements se produisent dans la courte période de l'enfance, à commencer par la séparation avec la mère et les compagnons de portée pour intégrer un nouveau foyer. Et même le transport peut se révéler très stressant pour certains chiots. Toujours est-il que le lien observé entre les maladies infantiles et les troubles du comportement à l'âge adulte est suffisamment fort pour être pris en considération par les propriétaires qui, s'ils sont amenés à soigner leur chiot, devront essayer de le faire de la manière la moins traumatisante possible.

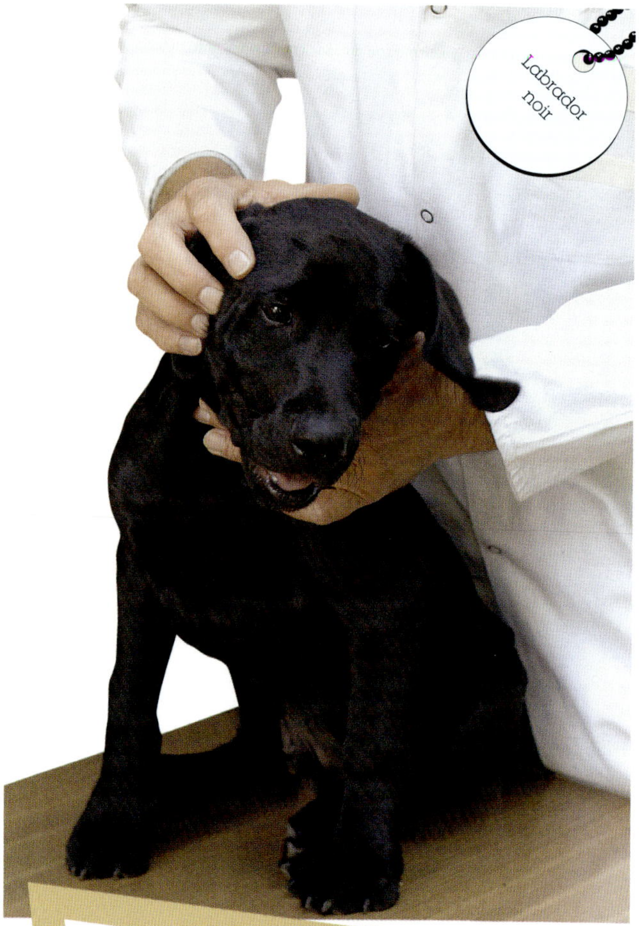

LA SANTÉ DU CHIOT

Avant d'adopter un chiot, demandez à l'éleveur si l'animal a subi une intervention médicale.
Un isolement prolongé chez le vétérinaire réduit la période de socialisation.

Si votre chiot doit séjourner chez le vétérinaire, rendez-lui visite le plus souvent possible ou demandez au personnel de passer tous les jours un peu de temps auprès de lui.
Si votre chiot est soigné à domicile, veillez à ce qu'il soit en contact avec différentes personnes dans les conditions les moins stressantes possibles. Bien sûr, certains états nécessitent le calme complet et alors il est préférable de ne pas le mettre avec ses congénères pendant sa convalescence, même si sa familiarisation en pâtit.

Dans tous les cas, vous devez donner la priorité à la santé de votre chiot et tout faire pour qu'il se rétablisse au plus vite.

Traiter un chiot malade

Au moment où les relations s'établissent entre le maître et son chiot, administrer des soins n'est pas propice au développement de rapports sereins. Il est toujours pénible, pour un chiot, de recevoir des médicaments même s'ils sont de plus en plus faciles à appliquer (traitements antiparasitaires, par exemple) et donc moins stressants pour l'animal.

Pourquoi stériliser son chien ? 47

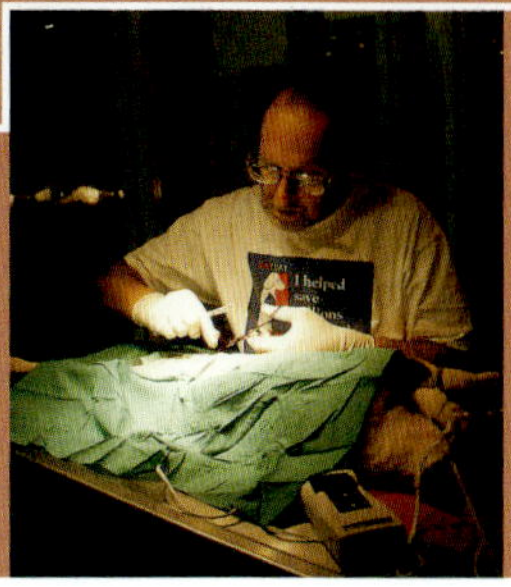

La stérilisation permet de réduire plusieurs comportements désagréables de votre animal. Les pulsions sexuelles étant supprimées, le chien n'aura plus tendance à fuguer ou à vagabonder, il sera également moins enclin à l'agressivité. La stérilisation permet aussi de limiter le nombre d'animaux abandonnés et placés en refuge. Cependant, seulement 22,1 % sur les 8,5 millions de chiens en France sont stérilisés, alors qu'il y a 65 % de chats stérilisés, mâles et femelles confondus.

Chez un animal en bonne santé, la stérilisation doit être considérée avec le plus grand sérieux. Un chien d'exposition doit souvent rester entier, c'est-à-dire non stérilisé, mais si vous êtes sûr de ne pas vouloir destiner votre chien aux expositions ou à la reproduction, envisagez une éventuelle opération avec votre vétérinaire.

En général, la stérilisation permet de mieux contrôler un certain nombre de comportements liés aux hormones sexuelles chez les mâles. Malheureusement, la stérilisation des femelles dominantes peut aggraver leur dominance.

Certains vétérinaires et sociétés de protection animale ont proposé la castration précoce pour limiter les populations de chiens mâles. Mais les résultats de cette opération sur le comportement des animaux sont contradictoires : alors que certaines études ont montré qu'elle diminuait sensiblement l'agressivité, les aboiements intempestifs ou d'autres comportements indésirables pour augmenter parallèlement l'excitabilité des chiens, d'autres révélaient qu'une castration pratiquée entre 6 et 12 semaines réduisait l'agressivité et les comportements indésirables liés aux hormones sexuelles.

Pratiquée à un âge normal (c'est-à-dire sur des chiots âgés de six mois), la castration semble limiter fortement l'agressivité entre mâles, les marquages urinaires, les rapports sexuels intempestifs et le vagabondage. Même si elle n'élimine pas totalement ces comportements, elle réduit considérablement leur fréquence et leur intensité. Bref, elle ne supprime pas l'agressivité, mais la rend plus facile à contrôler.

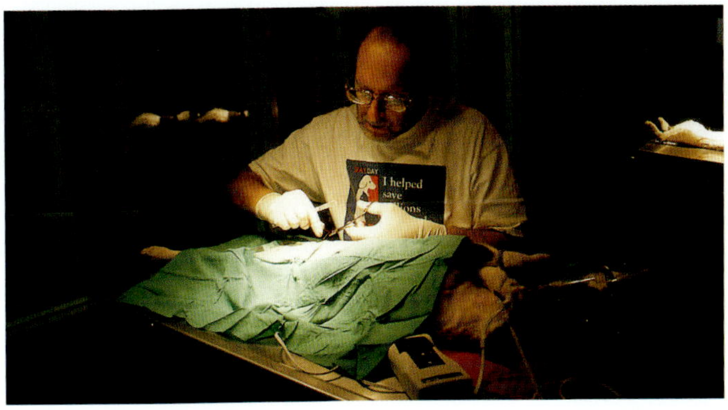

LIMITER LES NAISSANCES NON DÉSIRÉES

La stérilisation consiste à retirer les organes reproducteurs de l'animal pour l'empêcher de se reproduire. On parle de castration, c'est-à-dire d'ablation des testicules, chez les mâles et d'ovariectomie, c'est-à-dire d'ablation des ovaires, chez les femelles.

Une clinique de San Francisco spécialisée dans la stérilisation des animaux domestiques contribue à réduire fortement la surpopulation au sein de la ville. Lorsqu'elle a ouvert en 1976, elle constituait l'un des premiers centres de stérilisation bon marché des États-Unis et son activité a contribué à réduire de moitié le nombre de chiens et de chats recueillis dans les refuges de la ville entre 1985 et 2005.

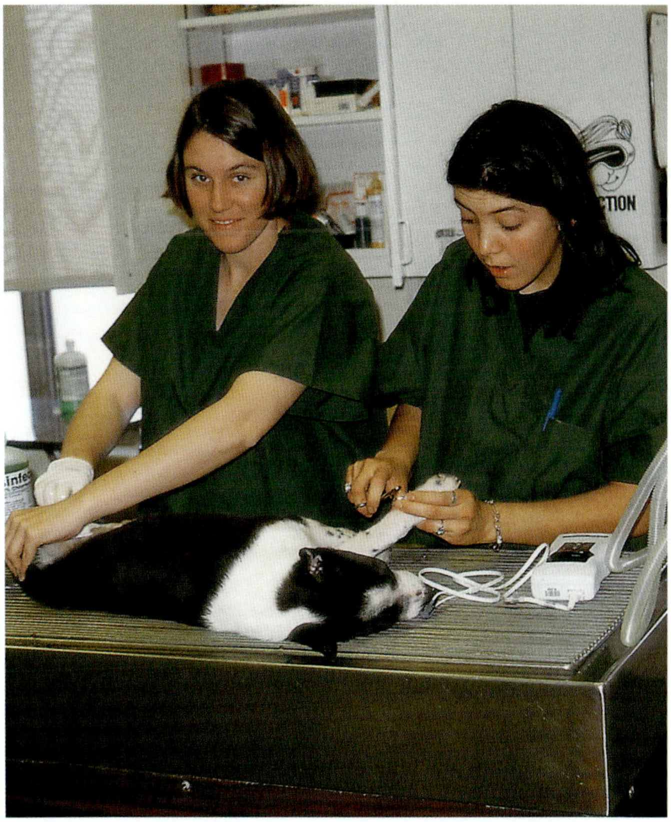

48 Lui apprendre la propreté

Dans le cadre de l'apprentissage de la propreté, vous devez anticiper le moment où votre chien aura besoin d'uriner ou de déféquer et non le réprimander parce qu'il aura souillé la maison. Cet apprentissage doit suivre l'évolution naturelle du comportement d'élimination du chiot.

Soyez à l'affût du moindre indice

Aussi mécontent que vous puissiez être, ne grondez pas votre chiot s'il souille la maison, à moins de le prendre sur le fait, car vous obtiendriez le résultat contraire à l'effet souhaité et risqueriez de le rendre craintif envers vous. À l'âge de 3 mois, un chiot a besoin d'éliminer toutes les 3 heures, alors soyez attentif à ses signaux avertisseurs : en général, il tourne en rond et renifle le sol.

Les jeunes chiots ne souillent pas leur nid puisque leur mère stimule leur élimination et avale leurs urines et leurs excréments. À l'approche du sevrage, leur mère n'avale plus leurs déchets et vers l'âge de 8 semaines, les chiots vont uriner et déféquer en dehors du nid. Entre 7 et 8 semaines, ils développent une préférence pour certaines surfaces.

Il est absurde d'apprendre à un chiot à éliminer sur des journaux à l'intérieur de la maison pour l'éduquer ensuite à aller faire ses besoins dans le jardin. Si possible, apprenez à votre animal à éliminer en dehors du domicile et à heures fixes, ce qui facilitera beaucoup les choses lorsque vous l'emmènerez en voyage, chez de la famille ou des amis, à des expositions ou dans des lieux publics.

Pour certains chiots, l'apprentissage de la propreté n'est qu'une formalité – au départ, vous surveillez de près votre animal et anticipez ses besoins pour le transporter là où il doit éliminer. Pour d'autres, si vous rencontrez des difficultés, munissez-vous d'un réveil et d'une cage (cf. page 84).

Au cours de la période d'apprentissage de la propreté, le nid de votre chiot est constitué par l'intérieur de la cage avec son couchage et votre animal attendra pour éviter de le souiller. Bien sûr, vous ne devez pas le laisser trop longtemps dans la cage, d'où l'utilité d'un réveil qui vous rappellera le moment de le sortir, soit toutes les deux heures environ. Pour éviter les « fuites » en chemin, distrayez votre chiot en lui parlant ou en lui montrant le jouet que vous tenez dans votre main.

Dès que vous êtes dans le jardin ou dans la rue et que votre chiot se met à uriner ou déféquer, félicitez-le de son comportement exemplaire en lui disant « vas-y ! », par exemple. (Si vous répétez ce mot à chaque fois que votre animal élimine, il va rapidement l'associer avec le moment propice à l'élimination.) Vous pouvez y ajouter une friandise ou une proposition de jeu.

Si votre chien a besoin d'éliminer la nuit, ce qui pose problème, naturellement, modifiez l'horaire de son ou de ses repas.

Les bases de son éducation 49

Votre chiot doit recevoir des principes fondamentaux d'éducation pour devenir un adulte bien éduqué, équilibré, qui vous respecte et avec lequel vous pouvez communiquer. Une bonne éducation réduit considérablement les troubles du comportement. Mais il est encore temps d'inculquer les bases de l'éducation à un chien adulte qui ne les a jamais reçues.

Labrador noir

Les règles fondamentales d'éducation sont aussi des principes de « rééducation » : elles valent pour tous les problèmes comportementaux que vous pouvez rencontrez, de dominance ou de tout autre comportement indésirable.

Si vous voulez avoir un minimum de contrôle sur votre chien, vous devez être capable de l'obliger à s'asseoir, à na pas bouger, à venir (rappel), à se coucher ou à marcher au pied. Munissez-vous d'une laisse d'éducation légère et d'un collier adapté. Vous pouvez commencer par certains exercices dès l'âge de 10 semaines dans un endroit où il ne risquera pas de se laisser distraire, mais ils devront être de courte durée et peu nombreux : ne fatiguez pas trop votre jeune animal, car il s'agit également d'une période de socialisation active.

L'ÉDUQUER PAR DES RÉCOMPENSES

L'éducation par la récompense est devenue la méthode la plus courante et remplace le collier étrangleur. Récompenser son chien par la nourriture est efficace si l'animal est gourmand. Les petits cubes de poulet présentent un avantage par rapport aux aliments secs : le chien n'a pas besoin de boire. Munissez-vous d'un sac plastique avec les récompenses, hors de sa vue. Une vingtaine de cubes suffit généralement pour une séance.

De nombreux propriétaires et éducateurs préfèrent éduquer et récompenser de la main gauche, mais la main droite convient davantage à la méthode d'éducation sans laisse. La récompense alimentaire tenue dans la main favorise le conditionnement de l'animal. À mesure que votre chien connaîtra mieux vos attentes, vous pourrez espacer la distribution de récompenses alimentaires et la remplacer par des félicitations. Une fois que votre chien maîtrise correctement un exercice, ne lui donnez des friandises qu'occasionnellement.

Certains fabricants produisent des friandises spécialement conçues pour récompenser un apprentissage réussi de l'animal. Votre chien peut les apprécier, mais les aliments qu'il a plaisir à manger régulièrement peuvent être une récompense aussi efficace.

50 C'est vous le chef de meute !

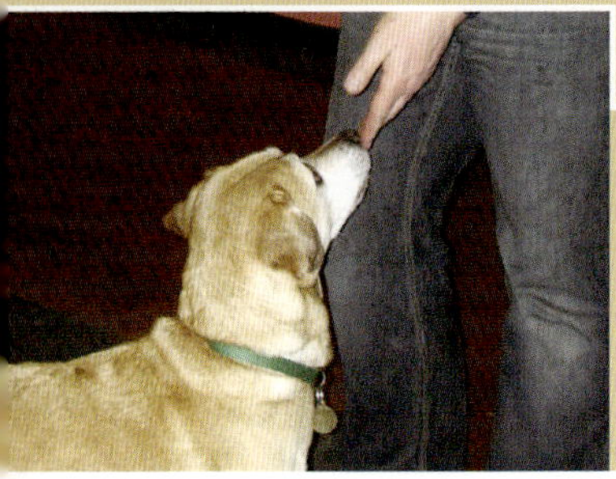

Comme vous êtes plus grand que votre chien, vous bénéficiez d'un avantage pour jouer le rôle de chef de meute. Vous êtes également en mesure de le récompenser et donc de renforcer ses « bons » comportements, pas seulement par des friandises, mais aussi par des gestes qui le rassurent ou l'utilisation de ses jouets favoris. Pour être efficace, une récompense doit suivre immédiatement un comportement positif.

Malheureusement, la plupart des maîtres n'éduquent pas leur chien de manière suffisamment explicite. Et s'ils participent à des classes d'éducation, ce n'est généralement que pour une courte période. Les cours peuvent se révéler d'une aide précieuse, mais ne font pas tout ; le plus important, c'est que le maître comprenne l'objectif à atteindre, éduque correctement son animal et, surtout, lui donne une image de lui sans équivoque : celle d'un chef de meute bienveillant.

Donner une image bienveillante à son chien : tel est l'aspect le plus problématique. Aujourd'hui, la plupart des individus ont du mal à savoir comment ils doivent se comporter et ils oscillent entre permissivité et sévérité. Or, il est important d'adopter un comportement clair et direct avec son chien. En renonçant à avoir une attitude ferme et assurée avec son animal, le maître sera perçu comme quelqu'un d'hésitant et d'indécis, le chien ne verra alors pas un vrai chef de meute en lui, ce qui le conduira à prendre lui-même le contrôle de la situation.

Il faut également éviter d'adopter un chien pour de mauvaises raisons. Les personnes seules peuvent en effet être tentées de prendre un chien comme compagnon pour assurer leur sécurité. Mais le chien peut devenir dominant, difficile à maîtriser, voire dangereux. C'est donc trop souvent l'être humain qui a du mal à se positionner par rapport à son animal de compagnie et qui le conditionne à devenir un « chien à problème », nécessitant parfois l'euthanasie.

Labrador

Chef, mais pas tyran

Vous devez être un maître à la fois ferme et bienveillant, non un despote. Dominant ne veut pas dire autoritaire. Un comportement tyrannique risque d'exacerber la dominance ou la méfiance naturelle de certains chiens.

Donnez-lui des ordres clairs 51

Les messages que vous voulez transmettre à votre chien, que ce soit par des mots brefs, des gestes du corps, des mimiques faciales ou un clicker (méthode d'apprentissage, cf. page 122), doivent être sans équivoque. Il est essentiel que ce soit vous et non votre chien qui preniez les initiatives, sinon vous risquez de le voir usurper

La « dominance passive » qui consiste, par exemple, à ne pas laisser votre chien passer devant vous, à ne pas le nourrir avant vous ou à ne pas l'autoriser à tirer sur sa laisse, est tout aussi importante. Votre langage corporel, qu'il s'agisse d'un geste d'accueil et d'ouverture ou d'une posture de domination, doit être sans ambiguïté.

Les ordres à distance doivent mobiliser immédiatement votre chien. Par exemple, si vous vous éloignez de lui, il va réagir comme s'il s'agissait du départ de la meute et vous suivre. À l'extérieur, vous pouvez lui donner des ordres par des gestes de la main spécifiques qui accompagnent la prononciation de certains mots, mais vos mouvements ne doivent pas être maladroits ou hésitants par peur du ridicule. N'oubliez pas que des chiens laissés à eux-mêmes peuvent causer des accidents et être dangereux.

Les récompenses font partie du système de communication entre vous et votre chien. Votre animal doit savoir que seules les bonnes manières sont récompensées. N'accompagnez pas tous vos ordres de récompenses, mais ceux auxquels votre chien obéit, et n'oubliez pas que la récompense doit suivre immédiatement l'exécution de l'ordre.

À mesure que votre chien apprend les bonnes manières, remplacez les friandises par des félicitations. Dans le cadre d'échanges mutuels parfaitement clairs, votre animal sera heureux de pouvoir comprendre ce que vous attendez de lui et répondre à vos attentes. D'ailleurs, cela le rassurera.

Vous devez avoir une attitude parfaitement cohérente en évitant, par exemple, tantôt de lui autoriser certaines choses, tantôt de les lui interdire. Votre chien vous teste constamment et si vous le laissez monter sur vos genoux, finir les restes de votre assiette ou mordiller la personne qui vous rend visite, il croira qu'il est dans son bon droit.

C'EST VOUS LE MAÎTRE, ALORS MONTREZ-LE !

- Donnez des ordres clairs à votre chien pour lui montrer que vous contrôlez parfaitement la situation.
- N'essayez pas de jouer les despotes, car cette attitude serait contreproductive.
- Soyez ferme et calme tout en analysant la situation et le comportement de votre chien pour savoir si vos instructions et votre attitude sont suffisamment claires et compréhensibles pour lui.
- Vos ordres doivent être brefs, dits sur un ton ferme, et le chien doit les distinguer des autres paroles prononcées, par exemple, pour le sortir ou l'inciter à jouer.
- Veillez à lui transmettre un message fondamental : c'est vous qui contrôlez les choses, donc, tout va bien.

52 Laisse + collier = sécurité

La laisse constitue la pièce d'équipement la plus importante dans l'éducation d'un chien puisqu'elle permet de le contrôler. Une laisse suffisamment solide est indispensable aux grands chiens, même s'ils sont bien éduqués. Utilisez une laisse de la bonne longueur pour permettre à votre chien de marcher à vos côtés à une distance raisonnable. Une laisse d'éducation réglable à trois positions permet un travail à différents niveaux de proximité.

Les chiots doivent porter un collier adapté à leur taille, suffisamment souple et de la largeur de deux vertèbres. Vous devrez changer le collier de votre chiot au cours de sa croissance, car il est indispensable de pouvoir passer deux ou trois doigts sous le collier : il ne doit être ni trop serré, ce qui risque d'étrangler le chiot, ni trop lâche, car l'animal pourrait s'accrocher et le perdre. De même, sa laisse ne doit pas être trop lourde. Un simple collier réglable auquel vous pouvez attacher une laisse convient à la plupart des chiens adultes.

Les colliers étrangleurs et les colliers de soumission peuvent se révéler utiles s'ils sont utilisés à bon escient. Ils ne doivent être utilisés que pour des séances d'éducation afin de mieux diriger et maîtriser le chien. Le collier étrangleur classique est composé d'une chaîne à maillons métalliques et empêche le chien de trop tirer. Le collier de soumission possède trois anneaux et se ferme avec deux boucles. Par leur poids, ces colliers restent lâches autour du cou du chien, excepté quand le maître les utilise pour freiner l'animal. Quant au collier de contrôle, il est composé d'une bretelle de tour de cou et d'une bretelle de tour de museau et évite l'utilisation du collier étrangleur qui ne convient pas aux jeunes chiots ni aux chiens possédant un cou fragile.

Lhasa Apso

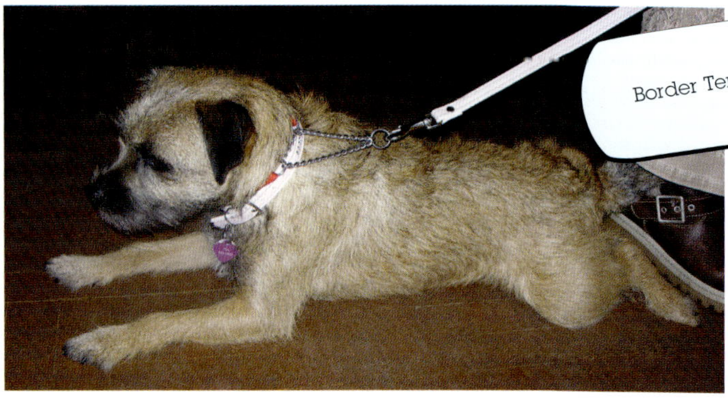

Border Terrier

Le collier semi-étrangleur permet de contrôler le chien sans danger pour sa santé. Une moitié du collier est constituée de maillons métalliques reposant sur la nuque du chien, l'autre moitié est en tissu et ne risque donc pas d'écraser la trachée de l'animal. Il ne faut jamais oublier que ces colliers peuvent se révéler potentiellement dangereux pour la trachée de l'animal. Et ils ne remplaceront jamais une éducation défectueuse. Un animal correctement éduqué ne tire pas sans cesse sur sa laisse quand on le promène.

La muselière d'éducation, surtout utilisée pour la marche au pas, comporte un anneau placé sous la gueule de l'animal auquel on attache la laisse. Lorsque l'on exerce une traction sur la laisse, cette dernière tire sur le museau et force le chien à baisser la tête, ce qui ralentit son allure.

La plupart des propriétaires apprécient les harnais d'éducation qui ne gênent pas la respiration du chien. Un harnais d'éducation est composé d'un collier et d'une martingale qui passe entre les pattes avant du chien et retourne au collier à la base du cou. En tirant sur la laisse pour arrêter le chien, on le soulève légèrement et on le bloque au niveau du poitrail sans l'étrangler. Cependant, l'animal doit avoir appris à marcher correctement au pas et à ne pas tirer brusquement sur sa laisse.

Il est préférable de commencer l'éducation de son chiot dans la maison ou l'appartement avec un collier et une laisse afin de l'habituer au port de cet équipement.

COLLIERS ET LAISSES DE L'ANTIQUITÉ

Depuis que les hommes possèdent et éduquent des chiens, ces animaux portent un collier. D'ailleurs, les colliers ont fait l'objet de diverses représentations artistiques, l'une des plus anciennes figurant sur la stèle funéraire du pharaon Antef II (11e dynastie) et datant de quelque 2 000 ans av. J.-C.

Certains colliers anciens sont fabriqués en cuir très lourd, d'autres sont en cuivre, comportent des charnières et portent les initiales du propriétaire, ainsi qu'un blason si ce dernier appartenait à la haute noblesse. Des molosses en laisse sont représentés dans le palais d'Assurbanipal à Ninive, une ancienne ville d'Assyrie (645 av. J.-C.). Des représentations encore plus anciennes, remontant à l'Ancien Empire, figurent sur les bas-reliefs du mastaba du vizir Ptahotep (5e dynastie) : elles montrent des chiens de type primitif, hauts sur pattes comme les Basenjis, qui portent des colliers et sont en train de participer à une chasse à l'oryx, une antilope dont les cornes sont en forme de cimeterre (ci-dessous).

Les laisses à enrouleur

Des laisses peuvent se dérouler jusqu'à 5 mètres, être bloquées à une longueur donnée et se rétracter. Vous pouvez contrôler votre chien tout en lui donnant une plus grande liberté. Veillez à en choisir une adaptée à son poids.

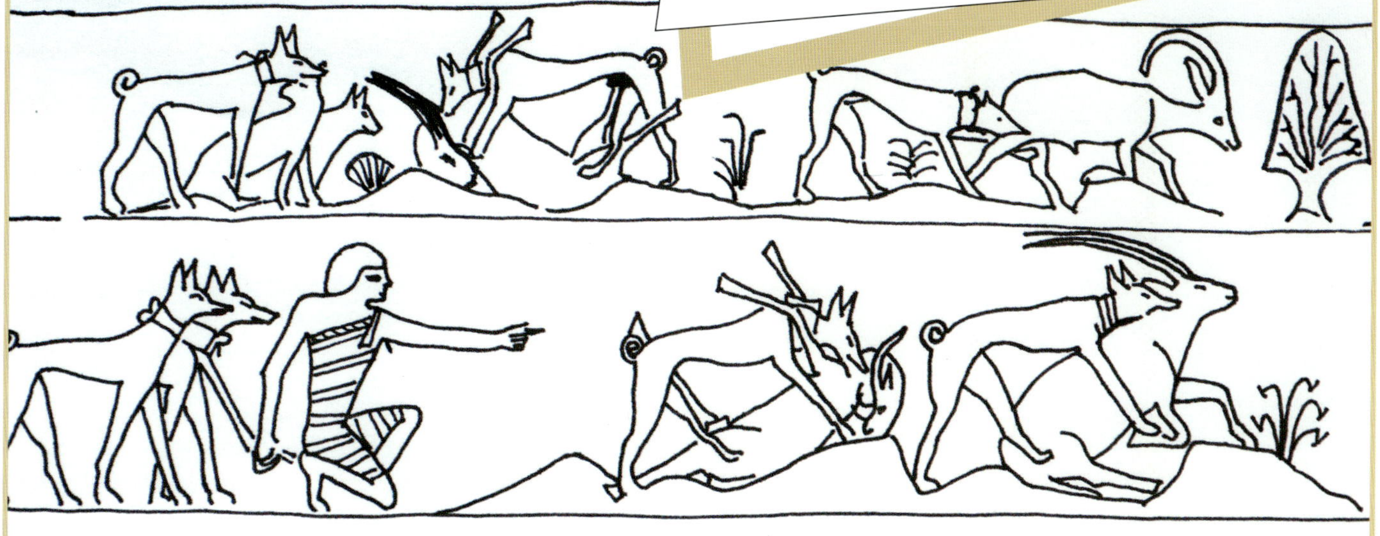

53 La cage, bon outil d'apprentissage

Si vous avez mis une cage à la disposition de votre chien dès son plus jeune âge, il aura l'habitude de s'y réfugier pour se rassurer et ne s'y sentira pas confiné. Les cages ne servent pas à punir le chien, mais à l'éduquer, et sont très pratiques lors des voyages en voiture pour assurer la sécurité de l'animal. Les maîtres les utilisent aussi comme parc où le chiot peut jouer en toute sécurité et pour faciliter l'apprentissage de la propreté.

La cage ne constitue pas une méthode d'éducation infaillible, en particulier si le chiot y reste confiné trop longtemps au cours de son apprentissage de la propreté ou si elle est trop grande pour lui. En effet, l'isolement lié à la cage peut engendrer des troubles psychologiques. Un chiot ne doit donc pas y être enfermé trop longtemps. Car lorsqu'il sortira de sa cage pour aller et venir dans un endroit plus vaste qu'il ne connaîtra pas, même si c'est son domicile, il pourra montrer des signes de détresse. Le maître pensera alors que son animal se plaît mieux dans sa cage et veut y retourner au lieu de se dire qu'il souffre peut-être d'agoraphobie justement parce qu'il a été enfermé trop longtemps dans cet espace réduit.

Le chiens sont des animaux sociaux et il faut stimuler leur attention pour leur apporter bien-être et équilibre. C'est pourquoi un séjour en cage doit être d'une durée limitée et régulièrement entrecoupé de séances d'exercices physiques et de jeux.

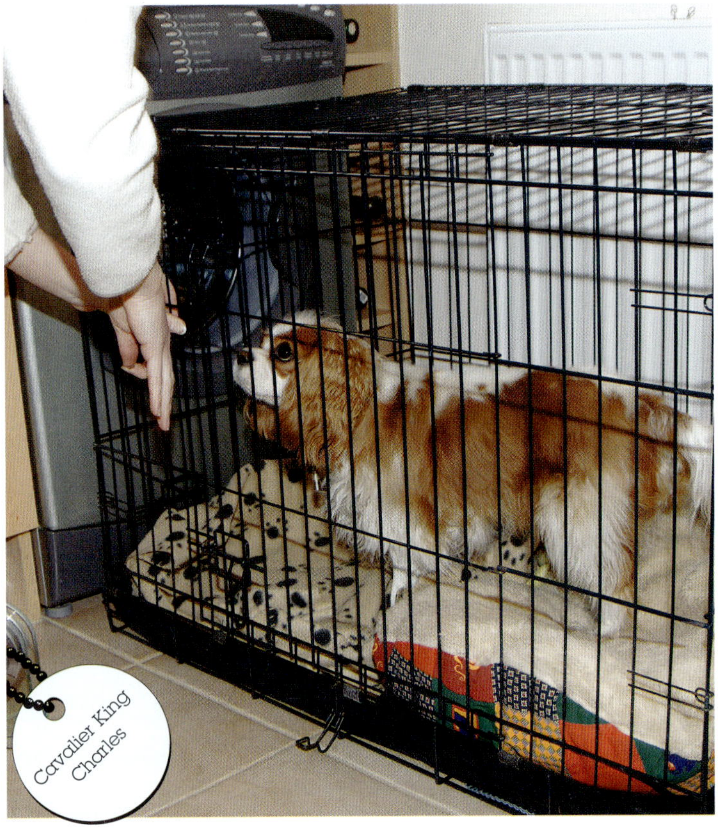

LA CAGE À VISÉE ÉDUCATIVE

Avant d'utiliser une cage pour apprendre la propreté à votre chiot ou lui dispenser certains soins, vous devez l'avoir habitué peu à peu à se familiariser avec cet endroit afin qu'il le considère comme son refuge.
Choisissez l'emplacement le mieux adapté – un endroit où vous ne risquez pas de renverser ou de percuter la cage et où votre chiot ne sera pas trop loin de vous, par exemple dans un coin de la cuisine dans la journée ou de votre chambre la nuit.

Pour l'habituer, laissez la porte de la cage ouverte et disposez à l'intérieur son couchage, un récipient avec de l'eau qu'il ne pourra pas renverser et un jouet. Ensuite, encouragez-le à entrer dans la cage ouverte en lui offrant une friandise et en prononçant quelques mots, toujours les mêmes, par exemple « dans la cage ! ». Votre chiot ne tardera pas à y pénétrer de son plein gré et à en faire son petit coin préféré.
Lorsque votre chiot s'est habitué à entrer et à sortir librement de sa cage, fermez la porte et laissez-le faire un petit somme. Veillez à lui faire faire de l'exercice avant de le mettre en cage et après l'avoir fait sortir de ce refuge où il ne doit pas rester plus de deux heures de suite.

« Assis ! » 54

C'est l'un des ordres les plus importants dans l'éducation de base du chien. Si vous voulez le calmer, en particulier après une activité physique, donnez-lui l'ordre de s'asseoir. Un chien doit également apprendre à obéir à cet ordre avant de traverser une rue pour assurer sa propre sécurité et celle de son maître.

La méthode traditionnelle pour apprendre au chien à s'asseoir est de le tenir en laisse à votre gauche. Tenez la laisse au-dessus de l'animal dans votre main droite, exercez une légère pression sur son arrière-train de votre main gauche et dites-lui « assis » en vous asseyant vous-même.

La méthode actuelle pour apprendre au chien à s'asseoir utilise le système de la récompense. Faites-le d'abord venir à vous, en face de vous. Montrez-lui la friandise tenue de la main droite, puis fléchissez votre poignet en levant votre bras au-dessus de sa tête. Au moment où il redressera la tête pour renifler l'odeur, il posera naturellement son arrière-train au sol. Lorsqu'il commence à s'asseoir, dites-lui « assis ! » et félicitez-le avant de lui offrir la friandise. Si votre chien est de petite taille, ne levez pas votre main trop haut, car vous risquez de l'obliger à danser sur ses pattes postérieures !

Après avoir répété ce scénario plusieurs fois avec succès (et vous serez agréablement surpris de voir combien votre animal comprend vite), déplacez-vous pour avoir votre chien à votre gauche. Dans votre main droite, présentez-lui une friandise sous le nez, puis levez votre main au-dessus de sa tête. Dites « assis ! » dès que votre animal commence à s'asseoir, félicitez-le verbalement, puis donnez-lui sa friandise.

Si vous utilisez un clicker pour l'éduquer (cf. page 122), attendez qu'il soit debout devant vous, puis, une friandise dans la main, levez votre bras au-dessus de sa tête pour l'inciter à s'asseoir. Dès qu'il s'assoit, cliquez, puis offrez-lui la friandise. Répétez plusieurs fois cette opération. Remarquez qu'avec le clicker vous n'avez pas prononcé un seul mot, ni pour lui donner l'ordre, ni pour le féliciter. La prochaine fois, dites « assis ! » avant de lever votre bras avec la friandise et

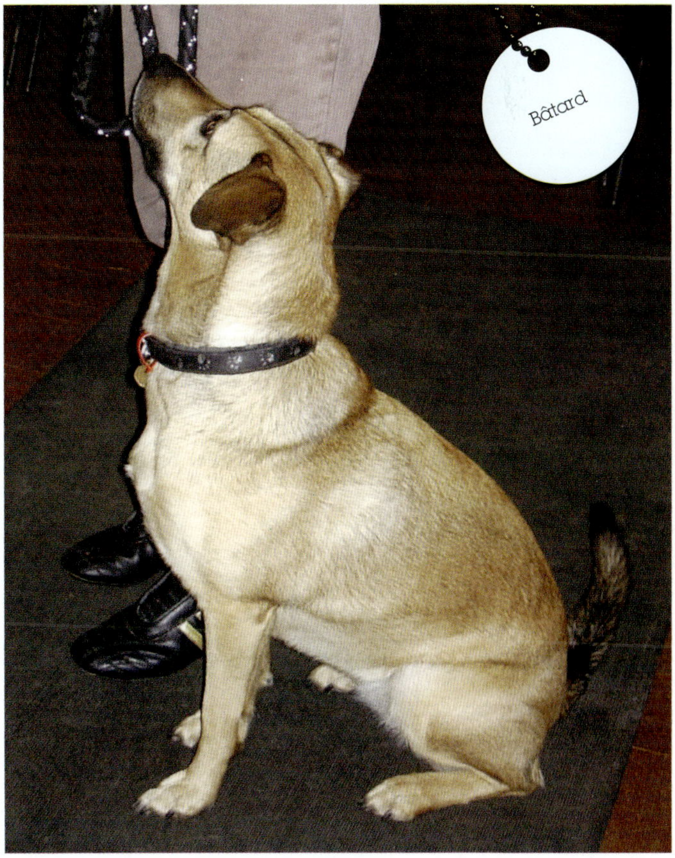

répétez l'exercice plusieurs fois.

55 « Pas bouger ! »

« Reste ! » ou « pas bouger ! » fait suite à « assis ! ». Pour sa propre sécurité, votre chien aura parfois intérêt à ne pas bouger et à rester un certain temps dans une position donnée, en particulier chez le vétérinaire. Mais l'ordre « pas bouger ! » est également utile pour contrôler son chien au quotidien, par exemple si vous recevez de la visite. Néanmoins, ne laissez pas votre chien trop longtemps dans cette position, il risque de se lasser !

C'est un exercice facile si le chien garde sa laisse. Demandez-lui d'abord de s'asseoir normalement. Mettez-vous face à lui, puis reculez d'un pas en levant votre main, paume orientée vers lui, et en lui disant : « Reste ! » Demandez-lui ensuite de venir. Répétez l'exercice en vous éloignant à chaque fois un peu plus de lui. Après quelques séances dans ces conditions, lâchez votre chien et répétez l'exercice sans la laisse.

Si vous souhaitez utiliser la méthode du clicker (cf. page 122), commencez par lui donner l'ordre « assis ! » et, une fois qu'il a obéi, prolongez la durée de sa position assise avant de cliquer et de le récompenser. Progressez par étapes : dites-lui « assis ! » et attendez cinq secondes avant de cliquer et de le récompenser, puis dix secondes la fois suivante jusqu'à essayer de garder votre chien immobile pendant une minute. Si vous sentez que votre animal est sur le point de se lever, cliquez et donnez-lui sa friandise pour renforcer l'ordre.

Les chiens anxieux

Les chiens qui souffrent d'une anxiété de séparation, en particulier ceux qui proviennent de refuges, ont du mal à obéir à cet ordre. Si c'est le cas de votre chien, tenez-en compte en passant davantage de temps à répéter l'exercice tout près de lui.

« Viens ! » 56

Maintenant que votre chien a appris à s'asseoir et à ne pas bouger, il doit apprendre à venir vous rejoindre quand vous le lui ordonnez (ce qu'on appelle le rappel). L'apprentissage de cet ordre est même primordial, car vous devez pouvoir le rappeler s'il n'est pas en laisse et s'il est menacé par un danger quelconque.

Chiot Labrador noir

Dès que vous avez adopté votre chien, vous l'avez habitué à être appelé par son nom. Dans l'apprentissage de l'ordre « viens ! », vous devez toujours utiliser son nom.

Attachez votre chien à une longue laisse d'éducation. Donnez-lui l'ordre de s'asseoir et de rester immobile, puis éloignez-vous de 3 m environ. Retournez-vous face à lui, pour qu'il puisse apercevoir la friandise que vous tenez dans la main, prononcez son nom d'un ton encourageant et dites-lui « viens ! ». Certains maîtres préfèrent approcher leur main du sol pour montrer la friandise et utiliser ce signal gestuel pour lui donner l'ordre de venir, alors que d'autres tendent la main en signe d'accueil et s'accroupissent pour renforcer l'ordre. Quelle que soit la méthode que vous choisissez, n'en changez pas par la suite. Répétez l'exercice.

Quand votre chien arrive vers vous, donnez-lui l'ordre de s'asseoir. Si vous êtes resté debout pour lui ordonner de venir et tenez dans votre main une friandise à hauteur de la taille, votre chien va lever la tête pour l'apercevoir et s'asseoir automatiquement. Il est préférable qu'il s'asseye sagement après le rappel pour sa sécurité et sa tranquillité d'esprit.

Lorsque vous le lâchez, veillez à le rappeler pour vous assurer qu'il obéira. Il est d'ailleurs recommandé au départ de pratiquer cet exercice dans un environnement clos où rien ne pourra le distraire. Comme avec les autres exercices d'apprentissage des ordres de base, réduisez progressivement les friandises si votre chien semble avoir bien appris ses leçons.

Si vous utilisez un clicker (cf. page 122), tenez-vous debout, un bras ballant et une friandise dans la main que votre chien pourra apercevoir, puis prononcez son nom. Dès qu'il s'approche, cliquez et récompensez-le sur-le-champ. Répétez l'exercice en vous éloignant davantage. Par la suite, prononcez l'ordre « viens ! » juste après l'avoir appelé par son nom.

57 « Couché ! »

Comme votre chien préférera certainement la position couchée, plus confortable, à la position assise, il aura tendance à rester plus longtemps dans cette position à vos côtés, d'abord à la maison, puis à l'extérieur.

Cavalier King Charles

Ordonnez à votre chien de s'asseoir à votre gauche. Cachez une friandise dans votre main droite et penchez-vous vers votre animal jusqu'à ce que votre main soit à 30 cm du sol environ. (Si vous avez mal au cou ou au dos, agenouillez-vous.)

Lorsque votre chien commence à se coucher en suivant votre main des yeux, dites-lui « couché ! ». Une fois qu'il est couché, renforcez l'ordre en lui offrant la friandise. Dès que votre animal effectue correctement cet exercice, répétez-le, mais cette fois en le faisant asseoir en face de vous.

Si vous employez un clicker (cf. page 122), procédez à l'identique en cachant une friandise dans votre main droite et en l'approchant du sol sous la truffe de votre chien. Dès qu'il est couché, cliquez et posez la friandise entre ses pattes. (Si vous lui laissez sa récompense, il n'essaiera pas de lever la tête pour suivre votre main des yeux quand vous vous relèverez.) Après avoir utilisé plusieurs fois cette technique, répétez l'exercice en prononçant le mot « couché ! » pendant que vous abaissez votre main.

Couché = vulnérable

L'apprentissage de l'ordre « couché ! » donne un sentiment de vulnérabilité à certains chiens, mais une récompense les rassure très vite. Ne soyez pas tenté d'accompagner l'exercice d'une pression sur le dos de l'animal pour l'obliger à se coucher, pour ne pas le perturber.

Chien de montag des Pyrénées x Saint-Bernard

La marche au pied

58

Apprendre à son chien à marcher au pied est indispensable à sa sécurité. Ce n'est pas parce qu'il ne sort pas tant qu'il n'a pas reçu toutes ses vaccinations que vous ne pouvez pas lui apprendre à marcher en laisse, d'abord dans la maison, puis dans le jardin si vous en possédez un.

Il n'y a pas de règle générale pour aborder l'apprentissage de la marche au pied. Certains éducateurs jugent préférable d'apprendre au chien à marcher au pied après lui avoir appris à s'asseoir, d'autres avant. De même, certains pensent qu'il vaut mieux commencer cet apprentissage sans laisse, d'autres avec une laisse.

Toutes ces méthodes fonctionnent à condition d'être appliquées au départ à l'intérieur de la maison et avec une friandise en guise de récompense. Mais la clé de la réussite est de donner au chien l'ordre de marcher au pied dès que vous vous mettez en route.

Utilisez un collier souple et une laisse pour éduquer votre chien dans la maison ou le jardin. Commencez pendant de courtes périodes avant de le familiariser avec le port d'une laisse légère.

Dès qu'il semble bien habitué au collier et à la laisse et suffisamment détendu, démarrez l'apprentissage de la marche au pied. Tenez la laisse dans la main droite sans la tendre. Faites asseoir votre chien face à vous en lui montrant que vous avez une friandise dans la main gauche, puis positionnez-vous à sa droite en gardant votre main gauche à hauteur de votre taille.

Lorsque vous avancez le pied gauche pour vous déplacer, dites « au pied ! » à votre chiot qui, naturellement, voudra vous suivre. Comme votre main gauche reste à hauteur de votre taille et que votre chiot sait que la friandise est là, c'est là qu'il focalisera son attention et il restera à vos côtés.

Certains éducateurs préfèrent freiner légèrement le déplacement du chien vers l'avant en tenant le collier de leur animal pendant qu'ils lui disent « au pied ! », alors que d'autres préfèrent donner une récompense alimentaire. Pour tourner, déplacez la main qui tient la friandise dans la direction souhaitée et votre chien suivra. Vous pouvez aussi dire « prêt ! » à votre chien avant de modifier votre trajectoire.

Certains chiots réagissent plus favorablement à un jouet qu'à une friandise.

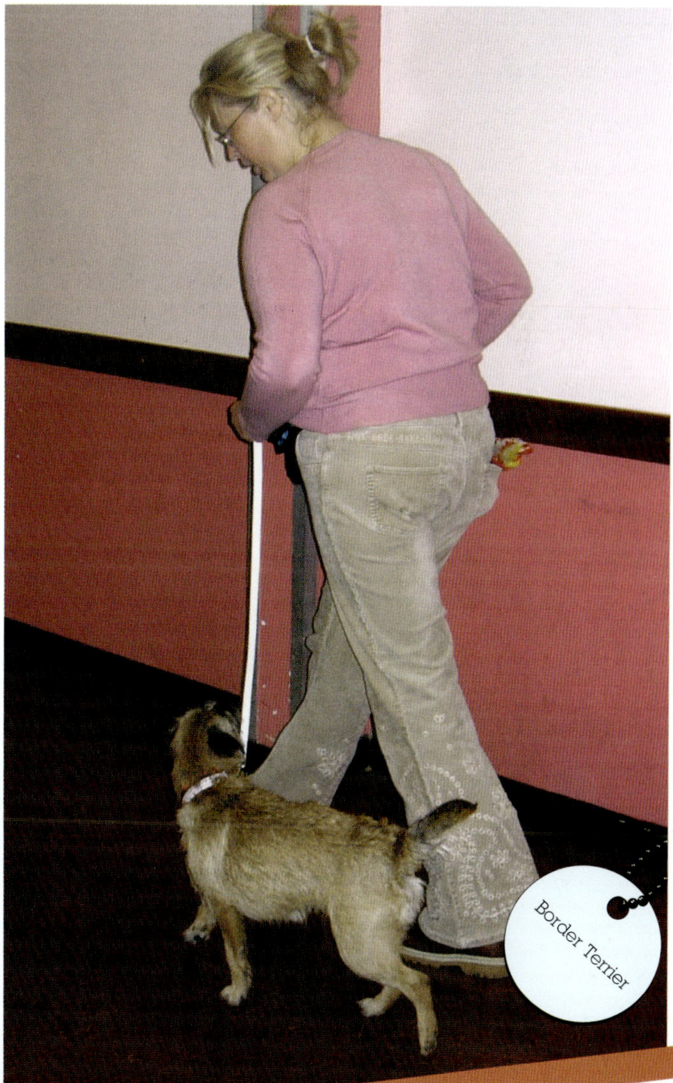

Border Terrier

Un apprentissage à petites doses

Quand vous apprenez à votre chiot à marcher au pied, veillez à ce que les séances soient courtes. Ne le réprimandez jamais, seuls les récompenses et les encouragements permettent d'obtenir de bons résultats. N'essayez pas de forcer votre chiot s'il en a assez.

5

À chaque problème, sa solution

Mieux vaut prévenir que guérir

Les propriétaires de chiens sont comme des parents : ils ont en charge d'éduquer correctement leur animal et, s'ils ne mettent pas en place des principes d'éducation cohérents, risquent de faire régner le chaos dans le foyer ! Par conséquent, vous devez vous occuper de votre chien comme des autres membres de votre famille.

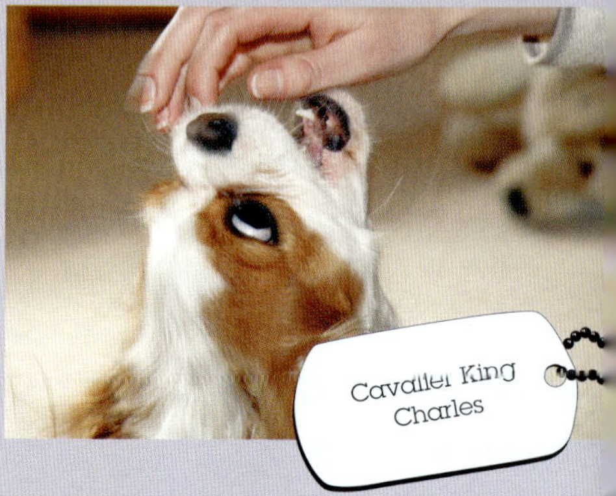

De nombreux problèmes comportementaux sont liés à un comportement inadapté du maître qui ne comprend pas le point de vue de son animal. La plupart des comportements que nous jugeons inadéquats chez un chien sont tout à fait normaux dans l'espèce canine. Ce que nous considérons comme un comportement destructeur est un comportement naturel pour le chien. S'il est autorisé à mâchouiller des jouets et des friandises, pourquoi n'aurait-il pas le droit de mâchouiller d'autres objets dans la maison ? C'est au propriétaire de faire la part des choses.

Dominance et agressivité

Si les enfants sont souvent mordus par des chiens, c'est parce que le propriétaire les a laissés ensemble. Une fois son maître – l'individu dominant du foyer – parti, le chien ne se considère plus comme hiérarchiquement inférieur à de jeunes enfants et son esprit de compétition est mis en éveil, surtout dans le cadre de jeux de balle. Quand un propriétaire emmène son chien en promenade sur un territoire neutre fréquenté par d'autres chiens, par exemple un parc, la rencontre potentiellement la plus dangereuse est celle qui se produit entre des animaux du même sexe et de la même taille. La réaction du maître est alors déterminante : s'il tire fortement sur la laisse de son chien, il augmente considérablement la possibilité d'un comportement agressif, voire d'un affrontement.

Les propriétaires de chiens de petite taille pensent trop souvent que leur animal n'a pas besoin d'être éduqué car « il ne ferait pas de mal à une mouche ». Les petits chiens agressifs peuvent avoir un effet tout aussi perturbateur que les grands et lorsque l'un des membres du foyer insiste pour traiter le chien comme « son bébé », il risque de trop le gâter. Les chiens mordeurs et agressifs peuvent représenter un réel danger et, d'ailleurs, la loi les reconnaît comme dangereux et impose leur euthanasie.

Problèmes au sein du foyer

Ce n'est pas toujours un manque d'éducation qui est en cause, mais une mauvaise éducation. Quand nous reconnaissons que notre chien a pris une mauvaise habitude ou, plus généralement, un ensemble de mauvaises habitudes, c'est d'abord à nous que nous devons nous en prendre, car soit nous sommes à l'origine des problèmes, soit nous les avons aggravés.

La plupart des individus se font des idées fausses sur la nature des relations qu'ils entretiennent avec leur chien. Dans les foyers des pays développés, les relations familiales sont perturbées et la mauvaise conduite du chien ou des chiens de la maison gâche la vie, tout simplement. Les membres de la famille prennent position, le débat s'envenime et les disputes éclatent, causant des problèmes supplémentaires au sein du couple et entre parents et enfants. Résultat : certains membres du foyer profitent de la gourmandise du chien pour lui glisser en douce des morceaux de nourriture pendant les repas familiaux.

Les propriétaires ne voient pas souvent l'ampleur des problèmes, contrairement aux visiteurs qui, à leur arrivée, entendent souvent cette question : « Vous aimez les chiens, n'est-ce pas ? » La sécurité et la tranquillité d'esprit des invités peuvent être compromises lorsqu'un grand chien les accueille en les bousculant ou en leur sautant dessus et en manquant de les renverser ; ce même chien peut ensuite manifester un comportement de nature sexuelle à leur égard. Il arrive aussi que l'invité ne puisse pas s'asseoir sur le canapé à côté de son hôte parce qu'un petit chien y est déjà installé et se met à aboyer très fort s'il s'en approche ou sur un siège parce que c'est sa chaise préférée.

Cela ne doit pas être ainsi : un foyer au sein duquel il n'existe pas de rapports équilibrés entre les différents individus qui le composent n'est un lieu de vie agréable pour personne. N'oubliez pas que pendant des siècles, seuls les chiens de très petite taille étaient des animaux de compagnie et les chiens de travail n'étaient pas autorisés à aller et venir librement dans la maison.

La responsabilité du maître

Il s'avère que les maîtres qui réprimandent leur chien à tout bout de champ peuvent susciter chez leur animal un sentiment de culpabilité et d'échec. Mais les troubles du comportement ont souvent de multiples causes, les plus courantes étant liées au sexe (les mâles sont plus sujets à l'agressivité de dominance, par exemple), à la race du chien, à sa lignée, à sa provenance et, surtout, à la qualité de sa socialisation lorsqu'il était petit. Sans parler des soins chez le vétérinaire, parfois ressentis comme traumatisants. Toujours est-il que même si nous ne sommes pas directement responsables du problème, nous pouvons améliorer les choses.

Nous devons garder à l'esprit que notre chien communique sans cesse avec nous. S'il a recueilli auprès de nous des informations qui le conduisent à prendre de mauvaises habitudes ou à aggraver ses mauvaises manières, nous pouvons changer son comportement en modifiant notre approche. Et cela n'améliorera pas seulement nos relations familiales, mais aussi les chances de survie du chien. Malheureusement, nombreux sont les propriétaires de chiens à problèmes qui acceptent que leur animal soit comme il est sans penser qu'ils peuvent le faire changer.

C'est le maître qui est le plus apte à agir sur le comportement de son chien. Des améliorations sont toujours possibles, que l'animal souffre ou non d'un trouble comportemental, et il ne faut pas oublier que la plupart des chiens vivent heureux auprès de leur maître sans jamais développer de problèmes de comportement !

Dans ce chapitre vous trouverez des informations sur des problèmes de comportement spécifiques accompagnées de conseils adaptés. Mais sachez que les troubles sont souvent interdépendants et qu'il est rare que le chien ne souffre que d'un seul trouble. Voici quelques principes de base destinés à prévenir la plupart des troubles :

- Soyez un maître bienveillant mais ferme ;
- Faites-lui faire régulièrement de l'exercice en tenant compte des besoins de sa race ;
- Soumettez-le régulièrement à des exercices d'éducation.

Les solutions proposées à la page 101, par exemple, ne répondent pas seulement au problème de l'agressivité, mais améliorent l'ensemble des relations entre le chien et son maître.

Si vous êtes incapable de résoudre vous-même le problème, vous pouvez consulter un éducateur ou un comportementaliste canin. Parlez-en à votre vétérinaire, le mieux placé pour vous adresser à des professionnels compétents.

59 Il tire sur sa laisse

Ce problème, qui est l'un des plus courants, révèle un manque fondamental de contrôle du maître sur le chien. Mais si votre chien adulte tire sur sa laisse, rassurez-vous, vous n'êtes pas le seul maître confronté à ce problème ! Au moins un tiers de l'ensemble des chiens tenus en laisse manifestent ce type de comportement gênant.

Un chien qui tire sur sa laisse est souvent un chien dominant. Mais ce comportement peut aussi résulter d'un manque d'exercice physique et d'un confinement prolongé. Le chien est alors tellement excité de se retrouver dehors qu'il file à toute allure ! Promener un chien qui tire sur sa laisse devient parfois si désagréable pour le maître que ce dernier finit par baisser les bras ou sortir son chien moins fréquemment.

Dans ce cas, vous devez reprendre les bases de l'éducation. En particulier, réapprenez-lui à marcher au pied, même si ce n'est plus un chiot. Sachez que la technique la plus efficace pour empêcher un « tireur de laisse » invétéré de vous mener la vie dure consiste à changer brusquement de direction. Félicitez votre chien s'il ralentit son allure, ce qu'il fera certainement au début. Répétez les changements de trajectoire autant de fois que nécessaire. Il suffit souvent de quelques minutes pour que le chien comprenne que puisque c'est vous qui décidez du chemin à prendre, vous êtes maître de la situation et qu'il doit s'adapter à votre allure.

CE QU'IL NE FAUT PAS FAIRE

La dernière chose à faire est de vouloir avoir le dessus sur son chien en tirant encore plus fort sur sa laisse : non seulement vous comprimez sa trachée et l'étranglez à moitié mais, s'il possède un caractère dominant, vous le confirmez dans l'idée qu'il est le chef. De plus, vous risquez de provoquer un affrontement si votre chien rencontre un congénère. De toute façon, plus vous tirerez vers l'arrière, plus il tirera vers l'avant, ce qui ne fera qu'aggraver le problème.

Des propriétaires de chiens font parfois appel un éducateur canin. Il est stupéfiant de constater qu'en l'espace de quelques minutes, l'éducateur corrige les mauvaises habitudes du chien. En effet, contrairement aux idées reçues, les exercices d'éducation ou de rééducation peuvent avoir un effet très rapide.

Il joue au « tir à la laisse » 60

Quand vous commencez à familiariser votre chien avec la laisse, il la prend pour un jouet formidable et la saisit dans sa gueule, la mâchouille ou tire dessus si vous la tenez à l'autre bout. Certes, il se défoule, mais si vous l'autoriser à continuer ce petit jeu, vous risquez de faire échouer tout programme éducatif.

Si un propriétaire possède la laisse la plus épaisse et la plus solide du marché, celle qui résiste le mieux aux tractions et aux coups de dents, il montre clairement qu'il a abdiqué et qu'il laisse son chien être le plus fort. L'animal s'en sert alors pour jouer au tir à la corde et manifester sa dominance.

Les jouets spécialement conçus pour permettre au chien de tester sa force ne doivent pas être utilisés avec un chien dominant, car le maître risque d'apparaître aux yeux de son animal comme le perdant. Une laisse ne doit jamais être utilisée à cet effet, car un chien autorisé à saisir, tirer ou mâchouiller sa laisse lorsqu'il la porte sera incapable de marcher en laisse correctement. Ce comportement risque d'inverser les positions hiérarchiques au sein du foyer. Vous devez donc apprendre à votre chien à ne pas considérer sa laisse comme un objet de domination. Certaines races ont davantage tendance à « maltraiter » leur laisse, en particulier le Basenji, alors que le Fox-Terrier à poil dur et le Cocker l'acceptent volontiers.

Airedale x
...rger allemand

QUELLES SOLUTIONS ?

Asperger la laisse avec un spray dissuasif au goût amer.
À se procurer chez le vétérinaire ou dans les animaleries.

Reprenez l'apprentissage de l'ordre « assis! » (cf. page 85) et de la marche au pied.
Il peut même s'avérer nécessaire de lui réapprendre les bonnes manières dans la maison ou le jardin.

Si votre chien saisit la laisse dans sa gueule, dites-lui fermement « non! », puis donnez-lui l'ordre de s'asseoir. Obligez-le à rester immobile pendant au moins 30 secondes, puis offrez-lui une récompense.
Commencez à le faire marcher au pied en laisse. Si vous avancez, il vous suivra. Félicitez-le et montrez-lui un jouet ou une friandise pour le distraire et l'empêcher de saisir sa laisse dans sa gueule.

Faites-lui rapporter des objets.
Répétez cet exercice plusieurs fois pour lui montrer que c'est vous le maître. Lorsqu'il ramasse l'objet que vous lui avez lancé, dites-lui « viens! » et à son retour dites-lui « donne! ». Récompensez-le s'il lâche l'objet.

Veillez à manifester votre dominance passive par des signes qui montrent que vous contrôlez la situation.
C'est vous qui franchissez la porte le premier, qui précédez votre chien dans les escaliers, qui interdisez à votre chien de dormir sur votre lit ou de monter sur vos meubles. Veillez à ce que votre animal respecte les signes de votre supériorité hiérarchique.

Vous pouvez utiliser la muselière d'éducation pour rééduquer votre chien.
Il s'agit d'une laisse attachée à un anneau placé sous la gueule du chien et une traction exercée sur la laisse oblige l'animal à fermer sa gueule et baisser la tête.

Il ressemble à sa mère

Le comportement des chiens avec leur laisse est en partie déterminée par leurs gènes. Une étude menée aux États-Unis a montré que, dans les croisements, les chiots de la première génération se comportaient comme leur mère.

61 Il ne vient pas au rappel

Avant de quitter le parc, vous devez remettre votre chien en laisse. Vous l'appelez, mais il refuse de venir. Vous vous sentez ridicule, votre colère s'entend au ton de votre voix et vous essayez de rattraper votre animal, ce qui a pour effet de l'éloigner encore davantage. Enfin, lorsque vous avez réussi à le capturer, vous êtes tellement mécontent que vous le grondez. Cela s'appelle accumuler les erreurs !

Vous sous-estimez vraiment votre chien si vous pensez qu'il ne devine pas que la promenade touche à sa fin quand c'est la seule fois de la journée que vous le rappelez en vous dirigeant vers la sortie du parc ! Les exercices éducatifs, dont l'apprentissage du rappel, doivent faire partie du programme des promenades régulières. Évitez de le remettre en laisse toujours au même endroit et, surtout, ne le réprimandez pas lorsqu'il revient enfin, car vous risquez de créer une association négative dans son esprit et de lui donner encore moins envie de revenir.

Ne courez jamais après votre chien pour le rattraper, car il s'éloignerait de plus belle, croyant que c'est un jeu. Si votre chien n'est pas sûr de votre position hiérarchique par rapport à lui, il le sera encore moins si vous vous comportez ainsi ! Les mâles dominants sont les plus difficiles à éduquer, d'où l'importance du rôle que vous devez jouer auprès d'eux. Et n'oubliez pas que votre chien est un animal grégaire : si vous vous éloignez de lui en lui tournant le dos, il voudra vous suivre.

Si vous avez l'un de ses jouets favoris, vous tenez là un outil efficace pour jouer avec lui un certain temps. Ne l'employez pas uniquement comme appât pour l'attirer et en profiter pour lui attacher aussitôt sa laisse. Au contraire, passez du temps à jouer avec votre chien et félicitez-le dès que vous avez réussi à le faire asseoir. Profitez-en alors pour lui mettre tranquillement sa laisse. Une fois que votre chien se sera rendu compte que s'il revient au rappel il sera récompensé et non puni, il vous obéira avec plaisir.

Le fait que votre chien n'accourt pas quand vous l'appelez montre clairement que c'est votre comportement qui est en cause et que vous avez intérêt à revoir les fondements de son éducation (cf. page 79), en particulier son apprentissage de l'ordre « viens ! ». Si vous utilisez une laisse à enrouleur pour éviter qu'il se sauve au cours de la séance d'éducation, n'essayez jamais de tirer dessus avec force pour faire revenir l'animal, contentez-vous de l'employer pour contrôler ses mouvements. Si votre chien n'a guère envie d'obéir au rappel, c'est peut-être aussi parce qu'il est au milieu de congénères. Et c'est là que la participation à des cours d'éducation aux côtés d'autres chiens prend tout son sens : vous y apprendrez le rappel dans des espaces ouverts au milieu de chiens calmement tenus en laisse par leurs propriétaires.

Déployez le grand jeu!

Plus votre chien est éloigné, plus vous aurez besoin de crier fort et de faire de grands gestes en guise de signaux visuels. Adoptez une voix aiguë (ou utilisez un sifflet) et appelez-le d'un ton encourageant. Vous pouvez faire mine de vous en aller ou courir dans tous les sens en faisant de grands gestes, vous allonger par terre en essayant d'attirer son attention.

Il a un comportement destructeur 62

Il est plus qu'ennuyeux de rentrer chez soi et de constater que la maison ou la pelouse a été saccagée. L'anxiété de séparation ou tout simplement l'ennui éprouvé par votre chien en est certainement la cause. Essayez de savoir si votre animal est anxieux quand il reste seul. Plusieurs signes peuvent révéler l'anxiété. Par exemple, un chien qui creuse le sol est aussi enclin à souiller la maison parce qu'il est anxieux.

Loup gris

Tout est bon à mâchouiller

Les comportements destructeurs peuvent aussi être dus à une erreur d'éducation : vous avez amené votre chien à penser que tout était bon à mâchouiller. Cela arrive quand un maître offre sans cesse de nouveaux jouets. Un chien ne doit pas posséder plus de trois jouets à la fois.

Un chien qui mâchouille les bras d'un canapé en cuir ou qui fait des trous dans le sol du jardin souffre probablement d'une anxiété de séparation ou d'ennui. Laissez un chien seul sans dépense physique suffisante et il ne tardera pas à se montrer destructeur.

S'il est normal qu'un chien creuse le sol pour y enfouir un os, il est anormal qu'il saccage votre jardin par des fouissements répétés dus à l'ennui et à la frustration. L'anxiété de séparation est souvent en cause et les chiens adoptés dans des refuges sont plus anxieux que les autres et plus enclins à creuser la terre lorsqu'ils restent seuls.

Une dépense physique plus importante associée à un apprentissage de l'obéissance plus soutenu constitue souvent un moyen efficace pour augmenter l'intérêt de votre chien et renforcer votre rôle de chef, ce qui le rassurera.

QUELLES SOLUTIONS ?

- Créez un endroit dans le jardin où votre chien pourra soulager son anxiété et se distraire en creusant.
- Créez un bac à sable réservé à votre animal et, au départ, récompensez-le à plusieurs reprises en lui offrant un os s'il développe une préférence pour un trou particulier.
- Enfouissez ses récompenses plus profondément si votre chien s'habitue à utiliser son trou favori.
- Pour décourager votre chien d'utiliser d'anciens trous en votre absence, bloquez-en l'accès pendant un certain temps. (Une solution très efficace consiste à revenir d'une promenade avec un sac contenant les déjections de votre animal, puis à les placer au fond des anciens trous avant de les recouvrir. Votre chien ne va certainement pas recreuser.).
- Dans les régions très chaudes, les chiens creusent des trous pour y trouver ombre et fraîcheur. En cas de grosse chaleur, veillez à ce qu'il dispose d'endroits frais et ombragés et d'une réserve d'eau.
- Un chien étant moins susceptible de creuser après son repas, nourrissez-le plutôt le matin que le soir.

Golden Retrievers

63 Il souffre d'anxiété de séparation

S'il reste seul à la maison, un chien anxieux peut se mettre à hurler ou aboyer pour essayer d'établir un contact. Cette inquiétude intérieure est souvent plus prononcée chez les chiens qui n'ont pas été correctement socialisés aux humains dès leur plus jeune âge. Les hurlements ou aboiements à répétition sont très gênants pour le voisinage, alors essayez de ne pas laisser régulièrement votre animal seul trop longtemps.

Cavalier King Charles

L'anxiété de séparation ne représente pas seulement une nuisance pour le voisinage ; si elle se manifeste sous la forme d'un comportement destructeur, elle peut devenir un véritable enfer pour le maître qui, à son retour, retrouve la maison saccagée. Vous êtes tellement contrarié que vous punissez votre chien, mais sachez que cela ne sert à rien car la cause profonde est la détresse ressentie par l'animal.

L'anxiété de séparation peut être traitée par une habituation au départ et à l'absence du maître. Il est important que le départ ne tourne pas à la tragédie. Nous sommes souvent en retard le matin pour aller travailler, ce qui fait monter la tension au sein du foyer. ce que le chien ressent. Alors avant de vouloir contrôler notre animal, il serait bon de penser à nous contrôler nous-mêmes et à quitter la maison dans le calme et la sérénité.

L'habituation consiste à diminuer l'inquiétude du chien liée au départ du maître et à dédramatiser cet événement. Laissez votre chien vous voir partir, mais revenez au bout d'une minute environ. Répétez cette scène plusieurs fois en augmentant progressivement la durée de votre absence. À votre retour, ne vous précipitez pas sur votre chien ; au contraire, commencez par l'ignorer avant de lui ordonner de s'asseoir, puis de lui montrer, avec des gestes d'affection discrets, que vous êtes heureux de le retrouver. Cela permet de diffuser la tension tout en évitant que vos départs et vos retours soient de véritables événements. Ainsi, vos allées et venues cesseront peu à peu d'être porteuses d'une charge émotionnelle trop forte pour votre animal.

QUELLES SOLUTIONS ?

- Rassurez votre chien en frottant votre main contre l'un de ses jouets favoris pour l'imprégner de votre odeur. Vous pouvez aussi lui offrir un os à moelle pour focaliser son attention ailleurs que sur votre départ.
- Laissez des vêtements imprégnés de votre odeur dans son couchage.
- Certains chiens réagissent favorablement à des jouets remplis de nourriture, ce qui les occupe assez longtemps.
- À chaque fois que vous partez, ne faites pas de grands adieux à votre chien.
- Au cours de la période d'habituation, veillez à ce que votre chien ne vous voit pas vous apprêter à partir. Tenez-le à l'écart et quittez la maison en toute discrétion.
- Le pic d'anxiété se situe environ une demi-heure après le départ du maître.

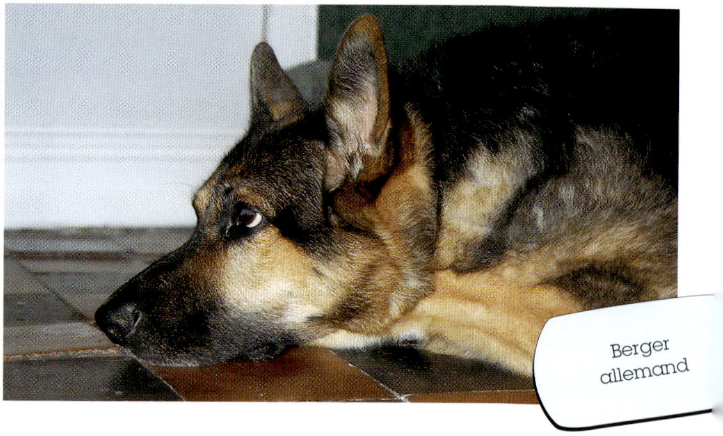

Berger allemand

64

Il n'arrête pas d'aboyer

Les aboiements intempestifs sont généralement associés à d'autres troubles du comportement. Si quelqu'un rôde autour de votre maison, vous serez rassuré d'entendre votre chien aboyer pour monter la garde. Mais si la personne ne fait que passer devant chez vous, il est anormal que votre chien continue d'aboyer après son passage.

En général, les aboiements intempestifs au sein du foyer en l'absence de toute menace extérieure proviennent de chiens au tempérament actif, excitable et exigeant; qui ont également tendance à mordre les enfants. Le Schnauzer nain correspond parfaitement à ce profil et, même si c'est un chien très joueur, il se montre dominant à l'égard de son maître, ce qui n'est pas sans poser de problèmes. En revanche, le Golden Retriever est peu sujet aux aboiements intempestifs.

Abordez le problème en commençant par vous demander si votre autorité ou, au contraire, votre laxisme, pose problème à votre chien : s'il vous donne des coups de dents et vous aboie dessus pour vous empêcher de vous asseoir sur votre canapé, vous avez affaire à un chien dominant face auquel vous avez du mal à vous imposer.

QUELLES SOLUTIONS ?

- Montrez à votre chien que vous avez compris l'alerte, qu'il a bien fait son travail et que vous contrôlez la situation, en lui ordonnant de s'asseoir à vos côtés.
- Chez les races excitables, donner l'ordre au chien d'aller dans son couchage interrompt généralement ses aboiements intempestifs, mais à condition de le féliciter.
- Si votre chien aboie uniquement pour attirer votre attention, tournez-lui le dos jusqu'à ce qu'il s'arrête. Ne le récompensez que lorsqu'il cesse définitivement d'aboyer. Vous pouvez aussi essayer de le distraire.
- Ne lui criez pas dessus au risque de le faire aboyer de plus belle! Il croira que vous vous joignez à lui, surtout si c'est un terrier.

Aboyer sur commande

Pour asseoir votre autorité et calmer votre chien, apprenez-lui à aboyer sur commande. Quand il se met à aboyer, dites-lui «aboie!» en ouvrant et en fermant votre main, comme s'il s'agissait de sa gueule, au-dessus de sa tête. Renforcez l'ordre en le récompensant. Essayez d'anticiper ses aboiements et répétez l'exercice. Utilisez des techniques de renforcement similaires pour faire cesser ses aboiements.

65 Il est agressif envers son maître

Il est vital de contrôler l'agressivité de son chien pour sa propre sécurité comme pour celle de sa famille et des étrangers. De plus, la loi impose l'euthanasie des jeunes chiens responsables d'agressions, d'où la nécessité de prévenir les risques liés à un comportement agressif.

Si votre chien se met à gronder quand vous lui enlevez ses jouets, sa gamelle ou quand vous lui ordonnez de descendre du canapé, il montre sa dominance par une possessivité agressive.

Il ne doit faire aucun doute pour votre chien que c'est vous, son maître, le chef de meute. Et vous devez régulièrement réaffirmer votre supériorité hiérarchique par les moyens les plus divers, par exemple en soumettant votre animal à des exercices éducatifs de base.

QUELLES SOLUTIONS ?

- Vous devez apprendre à votre chien à marcher correctement au pied et à ne pas tirer sur sa laisse, car un chien qui tire sur sa laisse montre qu'il a acquis une position dominante.
- Contrôlez votre chien pour l'empêcher de vous précéder en franchissant le seuil de la porte à toute allure et montrer que vous êtes le chef.
- Affirmez votre autorité en le toilettant régulièrement.
- Quand il se montre agressif, ordonnez-lui de se coucher pour le mettre dans une position de soumission.
- Obligez-le à se dresser sur ses pattes postérieures pour lui tenir les pattes antérieures, ce qui diminue son autonomie.

Ce n'est pas une bonne idée de répondre à un chien très agressif par une attitude encore plus agressive. En effet, vous risquez de vous faire mordre s'il se montre agressif par peur (cf. page 103), par instinct de possession (cf. page 108) ou s'il possède une nature très dominante. Au contraire, ignorez-le en lui tournant le dos pour essayer de l'apaiser avant d'appliquer les solutions proposées ci-dessous. S'il est agressif à votre égard, les personnes étrangères sont également en danger, alors envisagez les solutions de la page ci-contre. Si vous rencontrez d'autres problèmes, consultez un éducateur canin, votre vétérinaire ou un spécialiste du comportement.

En général, les chiens très dominants ne sont pas affectueux et sont de moins en moins contrôlables. Ils mordent quand leur maître veut les punir parce qu'ils voient leur autorité menacée. Et si le maître abandonne la partie, cela renforce leur sentiment de dominance. Il est préférable d'éviter dès le départ les rapports conflictuels.

La stratégie qui consiste à ignorer votre chien, à le priver d'affection et à appliquer les solutions proposées ici vous confère une dominance passive sur l'animal qui finira par comprendre qu'il est récompensé s'il se soumet à votre autorité. Utilisez une laisse d'éducation et un collier dans la maison et récompensez-le quand il obéit.

Il est agressif envers les étrangers

66

Si votre chien n'a pas été suffisamment habitué aux contacts humains dès son plus jeune âge, il va vouloir défendre sa « meute » et son territoire contre les étrangers, ce qui est parfaitement naturel pour un animal grégaire. Mais si vous voulez recevoir des visites, ne serait-ce que du facteur, vous devez mettre un terme à ce comportement.

Organisez une « fausse visite » : votre chien est tenu en laisse et un visiteur est déjà assis dans le salon – la position assise étant moins menaçante pour l'animal – muni d'une friandise ou d'un jouet. Le visiteur ne doit pas montrer qu'il a peur du chien et doit commencer par l'ignorer complètement en discutant avec vous, son maître, de manière très détendue. Si un visiteur peut séjourner chez vous quelques jours, cela permet au chien de s'habituer aux étrangers, mais les visiteurs doivent comprendre qu'ils participent à un programme d'éducation.

Dans le cas d'une agressivité extrême, évaluez la situation pour savoir si vous avez besoin de l'aide d'un vétérinaire ou d'éducateur canin. Si votre chien est un mâle, ces professionnels vous conseilleront peut-être la castration.

60 à 85 % des attaques contre des étrangers se produisent au domicile du chien et concernent aussi bien les membres de la famille que les amis ou les voisins.

QUELLES SOLUTIONS ?

- Tous les membres de la famille doivent prendre leurs repas avant de nourrir le chien.
- Ne laissez pas votre chien finir les restes dans votre assiette et ne lui glissez pas des aliments en douce sous la table.
- Apprenez à votre chien à ne manger que sur commande.
- Ne le laissez pas monter sur votre lit ou sur le canapé.
- Éduquez-le à la marche au pied, apprenez-lui à s'asseoir sur votre ordre et à obéir aux ordres de base.
- Sortez-le régulièrement.
- Votre chien ne doit jamais vous précéder.
- Ne le laissez pas devenir tyrannique. En cas d'agressivité, ne lui donnez pas de récompense. Attendez qu'il se soit calmé pour lui donner l'ordre de s'asseoir et le récompenser.
- Toilettez quotidiennement votre chien s'il est très dominant.
- Ne jouez pas à des jeux similaires au tir à la corde avec lui s'il possède une nature dominante.
- Ne laissez pas des jeunes enfants seuls avec un chien dominant et agressif.

Les chiens et le courrier

Les facteurs ne doivent pas avoir peur des chiens et les propriétaires ne doivent pas laisser leur chien dans la cour ou le jardin s'il risque d'être agressif. Si votre courrier atterrit au sol près de la porte d'entrée et que votre chien le détruit, choisissez une boîte aux lettres fermée ou installez une boîte fermée au dos de la porte. C'est souvent par excitation que les chiens de petite taille saisissent le courrier dans leur gueule et ce comportement s'accompagne généralement d'aboiements intempestifs. Faites-lui perdre cette mauvaise habitude en simulant l'arrivée du courrier avec un ami. À chaque fois qu'une lettre est glissée dans la boîte, détournez l'attention de votre chien, ou obligez-le à s'asseoir à distance de la porte d'entrée. Répétez l'exercice et si votre animal reste immobile, récompensez-le.

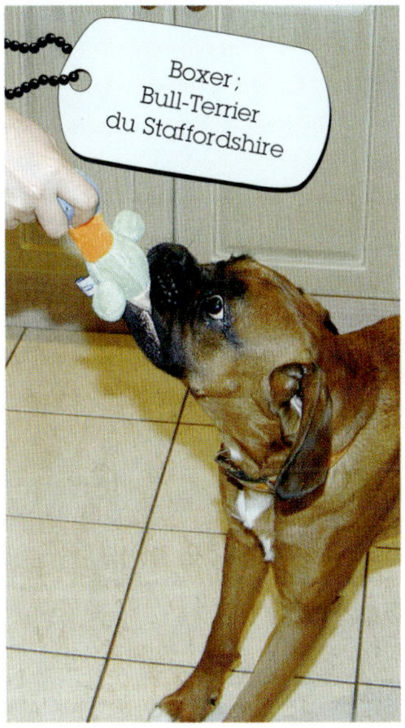

Boxer ; Bull-Terrier du Staffordshire

67 Il est agressif envers ses congénères

Quand vous emmenez en promenade un chien dominant ou un chien qui n'a pas été socialisé avec des congénères dès son plus jeune âge, vous sentez votre cœur battre dès que vous apercevez un autre chien à l'horizon. Vous redoutez que votre animal aboie avec agressivité à la vue de congénères, voire décide de les attaquer.

Ne tirez pas sur sa laisse parce que vous avez peur : vous risquez de stimuler son agressivité. C'est exactement ce que les propriétaires de chiens de combat faisaient pour « chauffer » leur animal avant de le lâcher dans l'arène. C'est comme si vous incitiez votre chien à tirer sur sa laisse pour défier des congénères et il finira par associer « promenade en laisse » à « préparation au combat ».

Familiarisez-vous avec son langage corporel de façon à comprendre la signification d'un mouvement de queue ou d'oreilles et donc anticiper son comportement à l'approche d'un congénère. Si votre chien se raidit sur ses pattes et fixe des yeux le congénère qu'il rencontre, il subit une montée d'adrénaline. Si vous l'obligez à détourner la tête en tirant la laisse attachée à sa muselière d'éducation, le contact visuel est rompu et la tension retombe. Vous pouvez aussi utiliser son jouet favori pour détourner son attention.

Une fois que vous avez capté l'attention de votre animal, dites-lui « assis ! » et récompensez-le. L'avantage de l'ordre « assis » est qu'il plonge instantanément votre chien dans un monde où il sait que vous contrôlez la situation et qu'il n'y a aucun danger.

Terrier ; Weimaraner

QUELLES SOLUTIONS ?

Reprenez l'apprentissage des ordres de base dans un parc à l'aide d'une longue laisse, particulièrement l'ordre « viens! ». Demandez à un ami qui promène aussi son chien de vous croiser à distance. Restez détendu et focalisez l'attention de votre chien sur une friandise ou un jouet que vous tenez dans votre main gauche avant qu'il réagisse au congénère. Vous pouvez aussi le faire changer de direction à l'aide de sa muselière d'éducation. S'il ignore l'autre chien, récompensez-le. Répétez l'exercice en demandant à votre ami de vous croiser de plus en plus près.

Border Collie ; Bâtard

Les muselières

La plupart des propriétaires refusent d'utiliser une muselière, mais elle est obligatoire pour certains chiens (Pit-Bull, Mastiff…). D'autres préfèrent tenir leur chien à distance et limiter les risques d'affrontement, même s'il n'est pas méchant. La muselière permet aussi d'éviter à votre chien d'être mordu par d'autres aussi agressifs que lui.

Il est craintif et méfiant 68

Les craintes et les phobies sont des troubles très répandus. Si le chien n'a pas été habitué à l'homme, à ses congénères et à des objets usuels dans le foyer, il sera naturellement méfiant : la peur et la méfiance sont des comportements normaux chez un chien adulte non socialisé et vous ne devrez pas ménager vos efforts pour lui apprendre à être à l'aise avec les humains, ses congénères et les équipements du foyer.

Certaines races ou lignées sont particulièrement craintives et sujettes aux phobies. Certains chiens de petite taille, naturellement peureux, sont sans cesse sur le qui-vive : le Colley, par exemple, peut avoir hérité d'une peur du bruit.

Les éleveurs et les nouveaux propriétaires ne doivent pas oublier qu'entre la 8e et la 10e semaine, au cours de la période de socialisation, les chiots réagissent davantage à des événements qui les perturbent, ce qui peut engendrer des phobies à l'âge adulte. En effet, une expérience négative à cet âge peut les fragiliser psychologiquement.

De nombreux maîtres vivent avec un chien adulte craintif et méfiant et sont conscients de devoir rassurer et soutenir constamment leur animal. Il ne faut en aucun cas effrayer un chien qui souffre d'une phobie ni le punir, ce qui risquerait de le rendre encore plus peureux. En général, il manifeste un comportement paradoxal : il accourt, semble vouloir s'approcher de vous, mais recule immédiatement si vous approchez votre main.

La thérapie d'habituation, également appelée désensibilisation, constitue le remède le plus efficace aux phobies des chiens adultes. Elle peut s'accompagner d'un conditionnement. Dans l'habituation, l'adaptation du chien à l'objet redouté se fait progressivement. Dans le conditionnement (basé sur le réflexe de Pavlov), l'objet craint est associé à une récompense, qu'il s'agisse d'une caresse ou d'une friandise. L'objet source de déplaisir se transforme alors en objet source de plaisir !

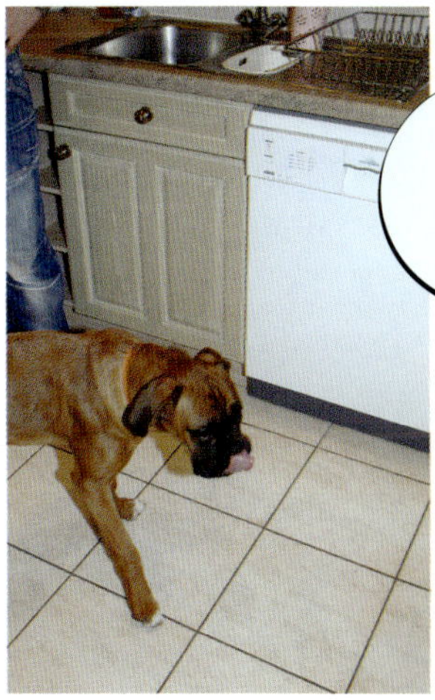

Boxer

LA PEUR DES OBJETS

Si votre chien a peur de la machine à laver, de l'aspirateur ou de la poussette du bébé, n'aggravez pas sa phobie en réagissant vous-même négativement ou en le réconfortant à l'excès. Au contraire, comportez-vous normalement. Tenez votre chien en laisse à l'extérieur s'il redoute certains objets. Habituez-le progressivement à ceux qui lui font peur en les rapprochant peu à peu de lui ou en le laissant s'approcher de plus en plus près d'eux. Surtout, procédez en douceur et sans brusquerie. Les récompenses alimentaires se révèlent ici très efficaces.

La peur du bruit

i vous-même réagissez négativement au bruit ou tentez de trop éconforter votre animal, vous risquez d'aggraver sa peur. Au ontraire, faites mine d'ignorer le bruit. Attachez votre chien en aisse dans la maison et mettez un disque avec des sons qu'il aime pas. Commencez par un faible volume, puis monter peu peu le son. Procédez à cette habituation pendant plusieurs urs, récompensez votre chien.

Cavalier King Charles

69 Il a peur des gens et des autres chiens

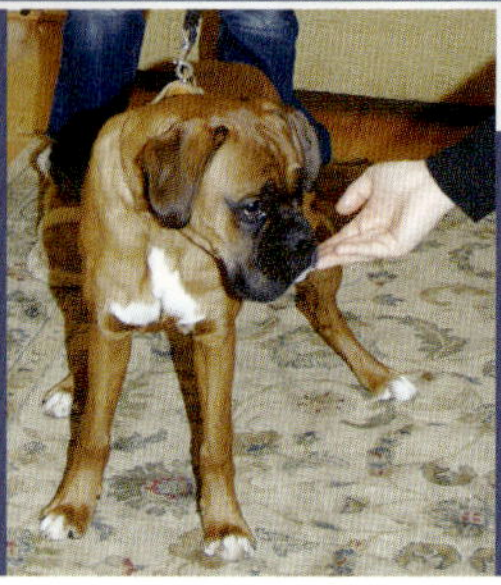

L'anxiété causée par la proximité d'étrangers ou de congénères résulte le plus souvent d'un manque de socialisation pendant l'enfance ou d'un isolement prolongé, dû à la maladie, par exemple. Les chiens anxieux ne sont pas des chiens heureux et peuvent même se révéler des chiens dangereux - les vétérinaires en savent quelque chose !

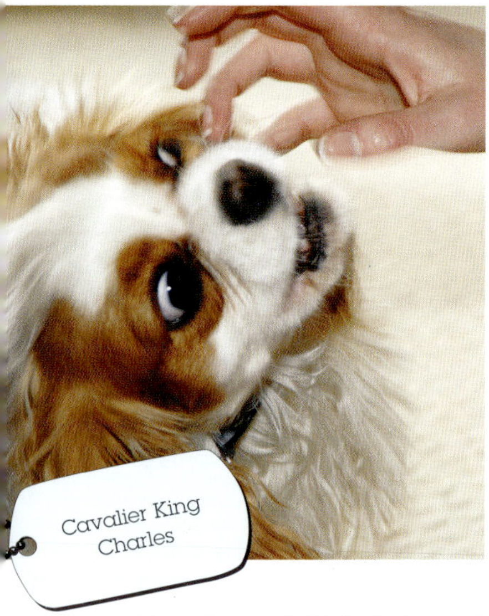

Cavalier King Charles

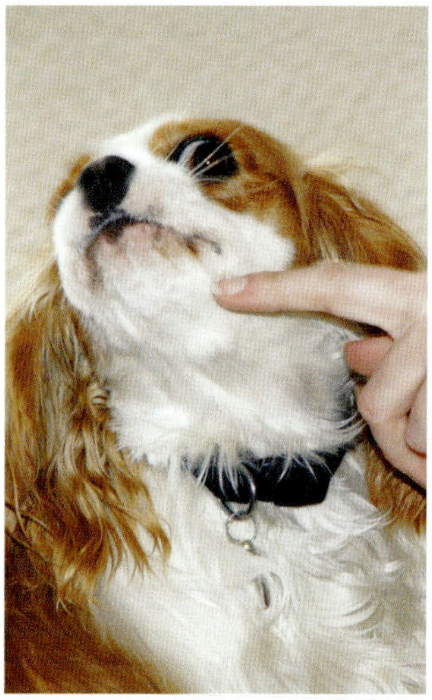

Un chien craintif évite la confrontation en se réfugiant derrière son maître ou sous un meuble. S'il se sent menacé et voit que l'étranger ne s'éloigne pas, il va se tapir, la queue et les oreilles basses, montrer les dents, gronder et donner des coups de dents pour l'intimider. Si l'intrus s'approche, le chien va reculer jusqu'à un mur et ne verra pas d'autre alternative que de mordre. Il peut même déféquer ou uriner de peur.

Ne rassurez pas votre chien à l'excès et ne le punissez-pas lorsqu'il a peur, car vous aggravez son problème.

Si un ami ou, encore mieux, un éducateur accepte de vous aider, laissez votre chien le dévisager, à une distance suffisante, tout en lui donnant l'ordre de s'asseoir, avant de le récompenser. Ensuite, demandez à la personne de s'approcher par derrière et de passer à distance du chien sans le regarder ni le prendre à parti. Si votre chien ne bouge pas, récompensez-le à nouveau. Le contact visuel étant ressenti comme une véritable menace par un chien craintif, la personne doit orienter son regard, et son corps, dans une autre direction. Une muselière peut être utile au cours de l'habituation.

Demandez ensuite à votre ami ou à l'éducateur de s'agenouiller pour montrer la friandise qu'il tient dans la paume de sa main. Conduisez votre chien auprès de lui et laissez-le prendre la friandise. Répétez l'exercice plusieurs fois. L'étranger pourra alors essayer de se tourner vers le chien, mais toujours sans le regarder dans les yeux. Ensuite, il pourra répéter le même exercice debout.

La peur des congénères peut être combattue de la même façon que l'agressivité envers des congénères, avec la coopération d'une personne qui possède aussi un chien. L'habituation se fera d'abord à une distance suffisamment éloignée, puis de plus en plus près.

Soyez patient

Les troubles comportementaux peuvent être difficiles à guérir, surtout les peurs, car ils viennent souvent de loin. Même si votre chien réagit bien aux exercices, il peut se passer plusieurs mois avant qu'il ait acquis une confiance suffisante pour se comporter normalement, soyez patient et ne vous attendez pas à des résultats immédiats.

Boxer

Il pourchasse les animaux de la ferme 70

Les ancêtres de votre chien survivaient en pourchassant leurs proies. Il leur était vital de chasser pour se nourrir. Par conséquent, l'instinct qui pousse votre chien à poursuivre des objets ou des animaux en mouvement est profondément ancré en lui.

Malheureusement, le chien peut ne pas se contenter de pourchasser bétail et volaille, mais les tuer après la poursuite. Selon une étude portant sur 59 cas d'attaques d'animaux de ferme, seulement 34 % impliquaient des chiens solitaires, les autres attaques ayant été menées par des meutes de chiens dont plus de la moitié par des groupes de deux individus.

Si vous avez adopté un chiot, socialisez-le au contact d'autres espèces animales pour qu'il soit moins enclin à les pourchasser à l'âge adulte. Les chiens de ferme ne pourchassent pas la volaille ni le bétail puisqu'ils se sont progressivement habitués à leur présence. Une habituation à d'autres animaux avec l'utilisation d'une cage pour y enfermer le chien permettra de le familiariser avec différentes espèces et d'atténuer son instinct de chasseur.

Même si votre chien est en train de pourchasser un animal, l'essentiel est de savoir détourner son attention et le rappeler. Dans un espace dépourvu d'animaux de ferme, mettez votre chien en laisse afin de pouvoir le retenir en cas de besoin (il ne s'agit pas de tirer continuellement sur sa laisse) et lancez-lui un jouet après lequel il courra. Rappelez-le d'un ton très encourageant en lui montrant de loin son jouet favori – ou la récompense alimentaire – que vous tenez dans votre main.

Si tout se passe bien, mettez votre chien dans un pâturage. Habituez-le à obéir aux ordres « viens ! » et « rapporte ! », à distance du bétail ou des volailles, en le gardant en laisse suffisamment longue jusqu'à ce que vous soyez sûr qu'il reviendra vers vous au rappel malgré ce qui l'entoure.

N'oubliez pas que les chiens de berger ont toujours fait l'objet d'une sélection pour leur aptitude à courir derrière les bêtes sur l'ordre du berger, mais sans leur faire de mal puisqu'ils ont appris l'inhibition de la morsure. Malheureusement, certains chiens de berger laissés seuls dans les collines et les pâturages se mettent à pourchasser les animaux et à les tuer, retrouvant leur instinct premier en l'absence de contrôle du berger. Ce qui montre que même un chien parfaitement éduqué ne doit pas être autorisé à vagabonder seul, en particulier s'il risque de rencontrer des animaux de ferme.

L'instinct du chasseur

Certains chiens possèdent un instinct de chasseur puissant. Dans ce cas, ne laissez pas votre chien courir sans laisse dans la campagne. Rééduquez-le en lui faisant pratiquer les exercices de base (pas seulement les ordres «viens!» et «rapporte!»), ce qui renforce votre statut de chef de meute à ses yeux, et demandez l'aide l'un professionnel s'il vous est impossible de réfréner son instinct de chasseur. Certes, les poursuites représentent essentiellement un jeu pour le chien, mais qui peut tourner à l'attaque.

Golden Retriever

71 Il pourchasse les chats

Les Lévriers et races apparentées (Lévrier afghan, Barzoï, Lévrier écossais et Greyhound), ainsi que les Terriers (Terrier du Révérend Jack Russell, Terrier du Yorkshire, Terrier écossais, Bull-Terrier du Staffordshire), ont une terrible réputation de chasseurs de chats, car ils ont tendance non seulement à les prendre en chasse, mais à les tuer s'ils les attrapent, surtout s'ils sont en meute.

Chien et chat harets en Thaïlande

Il n'y a rien d'étonnant à ce que les lévriers et les terriers soient les plus dangereux pour les chats puisqu'ils ont été sélectionnés pour prendre en chasse et tuer les proies. Contrairement aux chiens de berger et aux chiens de chasse (chiens d'arrêt, leveurs et rapporteurs) qui ont été sélectionnés pour leurs qualités de chasseurs et non de tueurs.

Si des Terriers et des chats cohabitent, vous devez être très prudent. Une bonne entente n'est pas impossible s'ils ont eu le temps de s'habituer les uns aux autres. Tous les Terriers ne sont pas ennemis des chats : par exemple le West Highland White Terrier et le Norwich Terrier, sont moins hostiles aux félins que d'autres comme l'Airedale (en haut). De même, bien que de nombreux Greyhounds tuent volontiers les chats, 25 à 30 % réussissent à cohabiter avec eux.

Empêcher son chien de poursuivre les chats peut s'avérer difficile, mais indispensable. Vous êtes en effet amené à rencontrer d'autres propriétaires d'animaux, de plus, si votre chien se met à pourchasser un chat dans la rue, il peut y laisser la vie. Si vous n'arrivez pas à le contrôler en utilisant les techniques de la fiche précédente, demandez conseil à un professionnel.

LAISSER LE CHIEN ET LE CHAT S'APPRIVOISER

Le meilleur moyen de permettre à un chien et un chat de faire connaissance est de commencer par les habituer à leurs odeurs respectives. Si le nouveau venu est le chat, enfermez votre chien dans une autre pièce et laissez le chat aller et venir dans la pièce principale. Puis faites sortir le chat pour y faire entrer le chien. Répétez ces «échanges» plusieurs fois jusqu'à ce que chacun s'habitue à l'existence de l'autre, perçue à travers son odeur. Si votre chien est suffisamment éduqué et si vous le contrôlez parfaitement, donnez-lui l'ordre de se coucher par terre. Puis apportez le chat enfermé dans sa cage et posez-la en hauteur. Asseyez-vous, comme si de rien n'était, en ordonnant à votre chien de rester couché ou de s'asseoir. Au bout de quelques minutes sortez le chat de sa cage. Enfermez-le à nouveau quelques instants plus tard et répétez l'opération en laissant le chat hors de sa cage de plus en plus longtemps.

La première fois que vous les mettez en présence, mettez une muselière à votre chien si c'est un Terrier, un Lévrier ou une autre race réputée hostile aux minous. Ne lui ôtez sa muselière que si vous jugez les risques faibles et savez que le chat peut aller se réfugier en hauteur, par exemple sur des étagères, en cas de danger.

N'oubliez pas que vous avez tout intérêt à ce que la prise de contact se passe bien, et pas seulement pour la sécurité du chat. En effet, les chats acceptent mal de voir leur territoire menacé et peuvent réagir en déféquant, en émettant des jets d'urine, en se montrant agressifs, en abîmant le mobilier avec leurs griffes ou en vagabondant davantage. La socialisation des chiots aux chats présente moins de risques que celle des chatons aux chiens.

Attention aux coups de griffes!

Le chien, s'il se sent menacé, peut adopter toutes sortes de positions de soumission mais le chat peut se montrer dangereux et agressif s'il se sent en danger. Même un Berger allemand n'est pas à l'abri de coups de griffes sur la truffe!

Il court après les véhicules 72

Même si vous ne considérez pas les vélos ou les voitures comme des proies, votre chien, lui, peut avoir envie de courir après un véhicule en mouvement comme s'il poursuivait une proie !

Gardez votre chien en laisse dans les lieux publics et tous les endroits où il y a du trafic et soyez sûr de pouvoir le contrôler en cas de danger. Un chien qui ne peut pas s'empêcher de courir après les véhicules peut mettre sa vie en danger, mais aussi celle des conducteurs. Si vous contrôlez déjà bien votre animal et s'il sait obéir aux ordres de base, en particulier à l'ordre « viens ! », les solutions proposées ici résoudront le problème. Malheureusement, certaines races ont un instinct trop fort et si vous voyez que vous ne pouvez pas surmonter le problème tout seul, demandez l'aide d'un professionnel.

Chasseurs de voitures

Certaines races ont tendance à courir après les voitures : les Lévriers, dont les Greyhounds et les Whippets ; les chiens de berger et de bouvier, dont le Border Collie, le Berger des Shetland, le Bouvier des Flandres et les Terriers, prennent facilement en chasse.

QUELLES SOLUTIONS ?

- Demandez à un ami de circuler à vélo et allez à sa rencontre sur une voie parallèle en tenant votre chien en laisse (avec ou non à une muselière d'éducation).
- Dès que votre chien s'intéresse au cycliste, changez de direction, puis approchez-vous à nouveau du cycliste. Répétez plusieurs fois cet exercice.
- Récompensez votre chien s'il n'affiche aucun intérêt pour le cycliste.
- Arrêtez-vous. Demandez au cycliste de s'approcher par derrière et de passer devant vous – un bon test pour voir si votre chien va courir derrière le vélo.
- Changez de direction, puis dites «assis!» à votre chien et récompensez-le. Répétez de nombreuses fois cet exercice.

73 Il est possessif

Deux loups qui se disputent une proie morte en tirant chacun de leur côté et en émettant des grondements menaçants : un comportement tout à fait normal au sein d'une meute. Mais il est inacceptable et dangereux de laisser son chien montrer les dents et gronder ou essayer de mordre la personne qui ramasse son jouet ou son écuelle. Il montre clairement que ses objets sont à lui et qu'il ne vous considère pas comme le chef de meute.

Cavalier King Charles

QUELLES SOLUTIONS ?

Jouets

- Posez un jouet (qui n'est pas son jouet favori) près de votre chien. Donnez-lui l'ordre de s'asseoir et récompensez-le s'il ne s'empare pas du jouet. Répétez l'exercice.
- S'il n'est pas particulièrement menaçant mais ne semble pas disposé à vous rendre le jouet, donnez-lui l'ordre de s'asseoir, puis récompensez-le ; s'il accepte d'échanger son jouet contre votre friandise, dites-lui «donne!» et félicitez-le.

Nourriture

- Mettez votre chien en laisse en présence de quelqu'un qui serait capable de prendre le contrôle de la laisse si nécessaire. Donnez-lui l'ordre de s'asseoir.
- Posez par terre sa gamelle remplie d'une nourriture fade et, alors qu'il s'approche pour manger, détournez son attention en émettant un son bref, fort et aux notes bien détachées. Répétez ce bruit à chaque fois qu'il tente de s'approcher de sa gamelle.
- S'il reste immobile, donnez-lui une récompense. Prenez sa gamelle et répétez l'exercice, mais cette fois dites-lui «manger!» après l'avoir récompensé s'il ne bouge pas. N'utilisez ce mot, ou un autre de votre choix, que lorsque vous voulez qu'il mange.

Sièges

- Vous tenez votre chien en laisse sur son siège favori et une friandise dans l'autre main. Montrez-lui la friandise en baissant votre main près du sol pour l'obliger à se lever. Dès qu'il se lève, dites-lui «debout!». Dès qu'il a quitté son siège, donnez-lui l'ordre de s'asseoir et récompensez-le.

Certains chiens sont enclins à garder jalousement l'endroit où ils dorment – et malheur à vous si votre canidé a jeté son dévolu sur l'un des sièges de votre salon ! D'autres chiens prennent un air terriblement menaçant lorsque quelqu'un passe devant la voiture de leur maître. Un moyen très efficace pour dissuader les voleurs, mais un comportement très gênant pour les membres de la famille ou les amis.

Si vous voulez éviter ce genre de situation, apprenez dès le départ à votre chien que c'est vous seul qui décidez de lui donner sa gamelle et de lui offrir des jouets et n'oubliez pas que certaines races sont plus dominantes que d'autres – les terriers peuvent devenir particulièrement possessifs.

74 Il saute de joie

Un chien qui vous saute dessus, dressé sur ses pattes postérieures, peut poser un vrai problème, surtout si c'est un chien de grande taille qui, par son poids, peut renverser un enfant, une personne âgée ou un adulte frêle. De plus, ses pattes sales sur les vêtements sont rarement bien accueillies ! Si ce comportement est une habitude de longue date que vous avez involontairement récompensée, vous devrez faire preuve de persévérance pour la faire perdre à votre chien.

Vous sauter dessus peut être un moyen d'affirmation chez certains grands chiens au caractère dominant, mais il s'agit le plus souvent d'un signe de bienvenue. Les chiens adultes au sein d'un groupe peuvent se renifler et se lécher, alors que les chiots ont tendance à manifester leur excitation au retour de leur mère en bondissant sur elle et en lui léchant la face. Il n'est donc pas surprenant que l'on retrouve ce comportement à l'égard des humains principalement chez les chiots et les jeunes chiens (de 6 à 18 mois) qui font la fête à leur maître lorsqu'il rentre du travail ou reçoit des visiteurs.

Avec un jeune chien, la plupart des maîtres se penchent vers leur animal dès qu'ils rentrent et l'encouragent à leur faire la fête. Après l'avoir habitué à manifester sa joie, ils le repoussent et le grondent lorsqu'il fait la même chose en grandissant, ce qui est injuste et incompréhensible pour l'animal !

Identifier les situations qui suscitent ce comportement chez votre chien : est-ce quand vous recevez des visiteurs, quand vous rencontrez des gens en promenade ou quand votre chien croise des enfants ? Cela ,vous permettra d'anticiper et d'ordonner à votre chien de s'asseoir en le récompensant s'il vous obéit. Pensez aussi à appliquer les solutions proposées ci-contre.

Ce comportement n'est pas mauvais en soi, mais potentiellement dangereux. C'est à vous de comprendre ce que votre chien veut exprimer en vous sautant dessus et d'appliquer les solutions adaptées.

QUELLES SOLUTIONS ?

- N'affichez pas un enthousiasme excessif en rentrant chez vous : n'ouvrez pas grand vos bras pour accueillir votre chien, ce qui risque d'accroître son excitation.
- N'engagez pas un contact visuel et ne vous comportez pas comme lui.
- Ne grondez pas votre chien s'il vous saute dessus parce qu'il est content de vous voir, mais faites en sorte qu'il ait plaisir à être récompensé pour un autre comportement - obéir à l'ordre « assis », par exemple. Sauter de joie n'est pas mauvais en soi, mais peut porter atteinte à la sécurité et à la tranquillité d'esprit des individus ; c'est donc dans son intérêt, ainsi que dans le vôtre et celui de votre entourage, de le récompenser pour un autre comportement. Donnez-lui l'ordre de s'asseoir et, s'il le fait, récompensez-le (avec des félicitations, des caresses douces, un clicker ou, au départ, une friandise).
- Ne laissez pas d'autres personnes de votre entourage ruiner tous vos efforts. Elles peuvent, sans le vouloir, réduire à néant vos exercices d'éducation avec des signes de bienvenue exagérés. Expliquez-leur la situation, elles comprendront. Demandez-leur simplement de rester debout, de garder leur calme, d'ignorer le chien et de vous parler sans établir de contact visuel avec l'animal.
- Enfermez votre chien dans une autre pièce jusqu'à ce que l'excitation liée à l'arrivée de visiteurs retombe, par exemple si vous recevez des membres de votre famille que vous n'avez pas vus depuis des mois. En effet, il y a toujours un seuil d'excitation à ne pas dépasser et vous devez connaître celui de votre chien.

Assis!

Obéir à l'ordre « assis! » est primordial. Et si votre chien ne l'a pas encore bien intégré, répétez l'apprentissage de cet ordre autant de fois que nécessaire, ainsi que l'ensemble des exercices de base. Veillez à ce que les séances soient brèves – cinq minutes suffisent.

75 Il dort dans votre chambre, voire dans votre lit

Une étude américaine réalisée auprès de 4000 personnes révèle que 47 % des propriétaires de chiens autorisent leur animal à dormir dans leur chambre et 60 % dans leur lit – un pourcentage qui s'élève à 66 % quand l'un des partenaires est momentanément absent du foyer. Dans 13 % des cas, l'un des deux partenaires déplore cette situation, mais l'autre s'en satisfait.

Certains couples n'ont quasiment plus de rapports sexuels ni même de contacts rapprochés parce que l'un des partenaires insiste pour que le chien dorme dans la chambre. Et ce ne sont pas toujours les chiens de grande taille, plus intimidants, qui grondent : même les chiens de compagnie de très petite taille peuvent devenir agressifs quand leur maître est au lit et qu'une autre personne tente de le rejoindre.

Quelle est l'origine de cette situation ? En général, l'un des deux partenaires gâte trop le chien, ce qui signifie le traiter comme un jouet et non comme un vrai chien. Céder à tous les caprices des petits chiens peut aggraver les problèmes de dominance au sein du foyer et multiplier les risques de menaces ou de morsures. Et même les chiens de grande taille comme les Bergers allemands peuvent menacer, gronder ou mordre s'ils pensent qu'ils occupent un rang supérieur à celui de l'un des partenaires.

Le comportement agressif du chien qui couche sur le lit ne se manifeste pas seulement à l'égard du couple, mais aussi envers les enfants ou d'autres personnes. Même si le lit est vide, certains chiens n'hésitent pas à y uriner pour marquer leur dominance.

Bâtard

Boxer

Et même si le chien n'est pas toujours agressif, il peut empêcher son maître ou le couple de dormir. L'animal bouge, gratte pour descendre ou monter. Des comportementalistes ont été témoins de cas extrêmes où le propriétaire avait fini par coucher par terre pour ne pas indisposer son chien. On ne peut pas mieux conforter l'animal dans l'idée qu'il est le roi du foyer !

QUELLES SOLUTIONS ?

- Si vous laissez votre chien dormir avec vous, vous vous mettez dans une position de subalterne. Si vous voulez rétablir votre statut de chef de meute et éviter qu'il se montre agressif, interdisez-lui totalement l'accès à votre chambre (et aux restes de votre assiette).
- Le maître et le chien qui ont l'habitude de dormir ensemble peuvent mal dormir pendant une ou deux nuits une fois séparés, car un temps d'adaptation est toujours nécessaire, mais le maître peut rassurer son animal en mettant un vieux t-shirt imprégné de son odeur dans la panière du chien.

Il cherche à s'accoupler avec votre jambe 76

Les comportements hypersexuels de certains chiens sont à la fois étranges et embarrassants pour leurs propriétaires, surtout lorsque le chien se met à chevaucher la jambe d'un visiteur ou se masturbe sur le tapis du salon quand vous discutez avec quelqu'un.

Même si les propriétaires réussissent à limiter les manifestations sexuelles de leur chien avec des membres de la famille, certains visiteurs se retrouvent soudain pris d'assaut par un animal qui leur fait des avances ! Ces comportements sont surtout un problème pour les jeunes enfants : un chien de la taille d'un Labrador qui atterrit sur eux, les serre dans ses pattes antérieures et mime l'acte sexuel peut les traumatiser.

Il faut pourtant savoir qu'un jeune loup mâle ou chien mâle entier appartenant à un groupe d'individus retournés à l'état sauvage essaiera naturellement de s'accoupler avec les femelles du groupe. Nous devons donc nous attendre à ce genre de comportement de la part des chiens mâles non castrés âgés de 1 à 2 ans. (Les femelles en chaleur ont parfois ce comportement.) Les chevauchements sur les humains peuvent également résulter d'une socialisation insuffisante du chien à ses congénères dès son plus jeune âge ou d'un trop-plein d'énergie lié à un manque d'exercice.

Les propriétaires de plusieurs mâles entiers âgés de moins de 3 ans peuvent être étonnés de constater que leurs chiens se montent fréquemment entre eux. Dans certains cas, c'est leur façon d'afficher leur dominance.

QUELLES SOLUTIONS ?

- La castration supprime souvent ce comportement gênant.
- Un pic d'excitation peut être atteint à l'arrivée d'invités. Utilisez les approches conseillées pour remédier aux mictions de soumission et à l'anxiété de séparation pour désensibiliser votre chien à l'excitation excessive.
- Si des jeux ou des caresses excessives produisent une trop forte excitation chez le chien, enfermez-le seul dans une pièce pendant quelques minutes pour lui permettre de se calmer. Libérez-le, puis donnez-lui l'ordre de s'asseoir et récompensez ses bonnes manières.
- Si vous anticipez ce type de comportement, levez-vous et éloignez-vous de lui, puis ordonnez-lui de s'asseoir et récompensez-le s'il obéit.
- Essayez de détourner son attention avec des jouets.
- L'usage d'un pistolet à eau pour dissuader le chien de continuer peut l'amener à établir une association négative dans son esprit.

77 Il chaparde de la nourriture

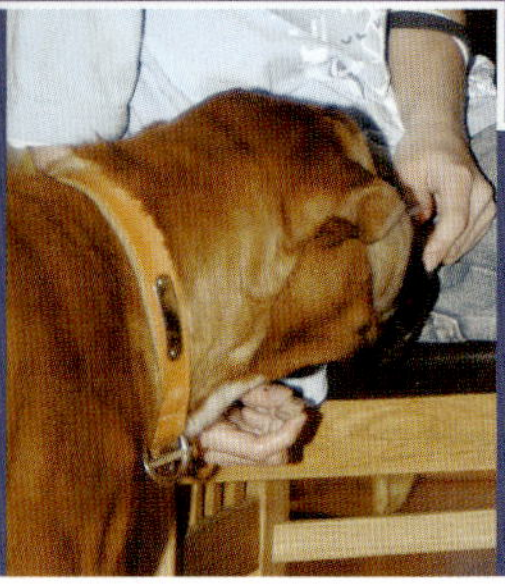

Laisser son chien manger sur la table ou dans son assiette est un facteur d'obésité à long terme et, à court terme, de troubles comportementaux. Malheureusement, trop nombreux sont les propriétaires à considérer que cette indulgence complice ne porte pas à conséquence, alors qu'ils font le malheur de leur chien et dégradent la qualité de leurs relations mutuelles.

Boxer

Comme ses ancêtres survivaient largement en se nourrissant de restes, le chien n'a pas l'impression de mal se comporter en chapardant de la nourriture. S'il quémande pendant votre repas et si vous cédez en lui glissant un petit morceau de viande, vous récompensez son comportement et le conditionnez en lui faisant prendre une mauvaise habitude. Avec un chien qui harcèle les membres du foyer pour obtenir quelques gâteries ou, pire, dérobe impunément le plat posé sur la table, les repas peuvent devenir un véritable enfer ! Ce sont les mauvaises habitudes du maître qui sont en cause, et tant qu'il n'aura pas pris conscience de sa responsabilité, le chien ne changera pas.

De plus, un maître laxiste amoindrit son statut hiérarchique aux yeux de son animal, car ce qu'il considère comme des « petits caprices » sans conséquence est contraire à la logique d'une meute où les dominants mangent les premiers et les subordonnés doivent attendre leur tour.

QUELLES SOLUTIONS ?

- Les friandises ne doivent être utilisées que pour récompenser le «bon» comportement du chien. C'est vous, son maître, qui prenez l'initiative. Le chien, lui, n'a rien à demander.
- Apprenez à votre chien à ne manger que sur votre permission et à comprendre que c'est vous qui lui donnez sa nourriture.
- Ne préparez pas son repas là où vous prenez les vôtres – remplissez-lui sa gamelle dans la cuisine et non sur la table de la salle à manger.
- Si votre chien a appris à obéir à l'ordre «assis!», posez sa gamelle au sol, mais ordonnez-lui de rester assis avant de l'autoriser à manger par un ordre simple tel que : «mange!».
- Ne le désorientez pas en lui donnant les restes de votre repas dans l'assiette que vous venez d'utiliser.

Il urine par soumission

78

Alors que la plupart des problèmes comportementaux sont liés au caractère dominant d'un chien face à un maître qui manque d'autorité, les mictions par soumission traduisent la situation inverse. Il ne s'agit pas d'un mauvais comportement en soi, car la soumission face à un individu plus dominant ou plus agressif permet de désamorcer l'attaque. Ce comportement s'observe davantage chez les jeunes chiens et les femelles.

La situation typique est la suivante : un chien au tempérament excitable anticipe l'arrivée d'un visiteur. D'expérience, il le considère comme dominant. Il montre à la fois son excitation en remuant la queue, prêt à l'accueillir, et son extrême soumission en se couchant et en urinant. Il peut aussi uriner debout ou accroupi. De toute façon, il ne s'agit pas d'une posture de miction habituelle.

La miction en position de soumission peut aussi devenir une habitude liée à l'anticipation d'événements particulièrement excitants, stimulants ou exigeants, par exemple une séance de dressage en compagnie d'un maître dominant ou d'un éducateur. Mais ce comportement se rencontre davantage chez des chiens prédisposés, à la nature particulièrement excitable.

En effet, certaines races sont plus sujettes que d'autres à la miction par soumission, dont le Cocker, le Golden Retriever et, dans une moindre mesure, le Berger allemand.

Si vous connaissez les situations susceptibles de déclencher ce type de comportement chez votre chien, par exemple des retrouvailles en famille, vous pouvez l'anticiper. Comment ? En accueillant les membres de votre famille à l'extérieur ou sur le pallier ou en enfermant provisoirement votre chien dans une pièce éloignée pour le tenir à l'écart de l'excitation ambiante. Une fois que l'excitation est retombée, libérez votre chien. Les visiteurs doivent se montrer calmes, ignorer l'animal pendant quelques instants et être assis, de préférence.

Si votre chien s'excite et se met à uriner quand vous rentrez le soir de votre travail, évitez les effusions de caresses pour lui montrer combien vous êtes heureux de le revoir. Au départ, soyez calme et ignorez-le. Dès que vous voyez qu'il n'est plus aussi excité et se réhabitue calmement à votre présence, saluez-le doucement.

Si, malgré tout, il ne peut s'empêcher de réagir à votre arrivée en urinant, parlez-lui d'une voix plus douce et accroupissez-vous pour paraître moins grand et donc moins dominant. Ne le touchez pas et incitez-le à se lever en lui montrant la balle ou la friandise que vous tenez dans votre main.

QUELLES SOLUTIONS ?

- Ne faites pas toute une affaire de ce problème.
- Ne punissez pas votre chien, vous aggraveriez son problème.
- Accueillez vos visiteurs à distance de votre chien pour empêcher son excitation de s'accroître.

L'origine de ce comportement

La miction en position de soumission trouve son origine dans le comportement de la mère avec ses chiots : elle stimule leur envie d'uriner en léchant leur région périnéale. Quand deux chiens se rencontrent, le plus soumis présente l'intérieur de sa cuisse et accepte que ce dernier le renifle. Il peut parfois se mettre à uriner en position de soumission.

79 Il est jaloux d'un nouveau congénère

L'arrivée d'un nouveau chiot ou chien au sein du foyer est délicate. La plupart des propriétaires partent du principe que le chien résident conservera sa dominance, ce qui n'est pas toujours le cas. La vie en meute ne se résume pas aux rapports entre dominants et dominés – des litiges sont fréquents au sein des rangs intermédiaires – ainsi, dans notre foyer des rivalités peuvent surgir.

Il est nécessaire de montrer au chien résident qu'il est prioritaire et de le récompenser s'il accepte la présence d'un jeune chiot afin qu'il ne devienne pas jaloux du nouveau congénère. Une fois que des rapports hiérarchiques propices à une cohabitation réussie sont clairement établis, il est préférable de traiter le chien dominant comme le dominant au sein de la hiérarchie canine afin de réduire les velléités de domination de l'autre animal.

L'univers des canidés, du loup ancestral au chien actuel, n'est pas peuplé de démocrates ouverts à la discussion, mais de fervents partisans de l'ordre hiérarchique. C'est pourquoi, dans vos relations aux chiens, vous devez être sensible à leurs besoins et le leur montrer en saluant d'abord le chien dominant de la maison et en le laissant passer le premier devant son congénère – mais pas devant vous, bien sûr.

QUELLES SOLUTIONS ?

- De nombreuses manifestations agressives, même s'il ne s'agit pas de violents combats, sont déclenchées par un «match visuel»: le chien non dominant n'a pas voulu détourner son regard. Si vous anticipez de possibles frictions, par exemple à l'heure du repas, veillez à ce que les chiens soient positionnés de manière à ne pas se regarder directement pendant qu'ils mangent.
- Un chien, même s'il possède son os, voudra celui du voisin, d'où des rivalités dans les foyers. Pour éviter les disputes, distribuez des os à vos chiens dans des endroits suffisamment éloignés les uns des autres.

Les foyers multichiens

Selon une étude américaine réalisée en 2004, plus d'un tiers des propriétaires possèdent plus d'un chien, 23 % en possèdent deux et 12 % en possèdent trois ou plus. Une hiérarchie entre les individus existe au sein de chacun de ces foyers.

Teckel à poil long

Berger allemand; montagne des Pyrénées croisé avec Saint-Berna

Il refuse de se laisser toiletter 80

Il est indispensable de toiletter régulièrement les chiens à poil abondant pour éviter les nœuds. Certaines races, comme l'Airedale, ont souvent besoin d'être toilettées (épilation et modelage de la robe) pour ne pas ressembler rapidement à des yacks ! La plupart des propriétaires oublient la dimension relationnelle, à la fois éducative et comportementale, du toilettage, pour ne considérer que sa dimension esthétique.

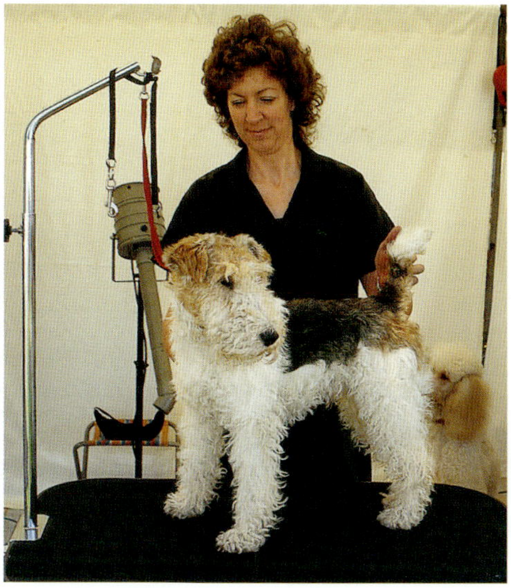

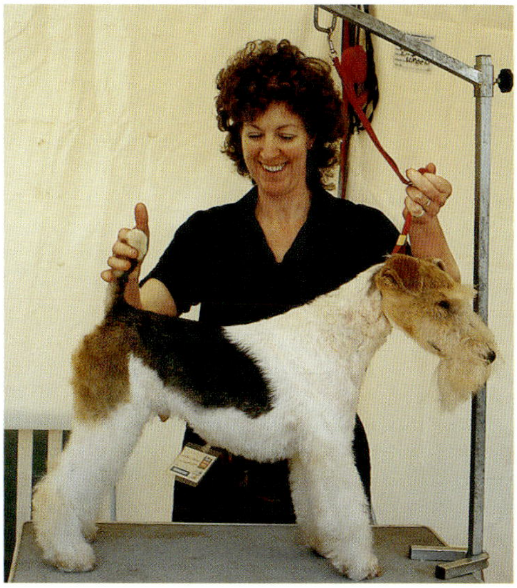

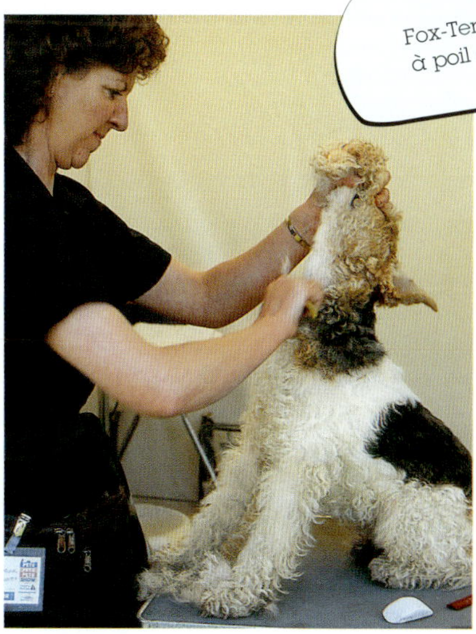

Fox-Terrier à poil dur

Certains chiens acceptent mal, voire très mal, les soins, qu'ils soient prodigués par leur maître, le vétérinaire ou le toiletteur. Ils ne supportent pas qu'on leur brosse les dents, qu'on leur ouvre la gueule pour extraire un corps étranger coincé dans leur gorge, qu'on leur coupe les griffes, qu'on leur nettoie les yeux ou encore qu'on leur mette des gouttes. Pourtant, si vous réussissez à brosser votre animal quotidiennement, vous lui ferez comprendre que c'est vous qui le contrôlez et non lui qui vous domine.

Si votre chien n'est pas habitué au toilettage et se montre dominant, munissez-vous d'une laisse et d'une muselière d'éducation, mais seulement après lui avoir enseigné les ordres de base et acquis la certitude qu'il vous obéira. Commencez par le caresser, puis transformez progressivement les caresses en brossages jusqu'à ce que le chien accepte d'être toiletté. Ne brossez pas immédiatement des zones sensibles comme la tête, mais démarrez par le dos.

Surtout, ne vous énervez pas et ne le forcez pas à rester en place à tout prix : l'expérience serait stressante pour vous deux et votre chien se montrerait encore moins coopératif. Au contraire, si vous rendez cette première expérience agréable, votre animal s'y soumettra avec plaisir la prochaine fois.

Comme pour tous les apprentissages, les chiens doivent être habitués à se laisser toiletter dès leur plus jeune âge, à la fois par leur maître et par des étrangers.

Aïe les nœuds!

Les chiens ayant toujours le chic pour se salir et revenir de leur promenade couverts de boue, il est indispensable de les brosser avant de leur faire prendre un bain. Si les poils sont vraiment collés et forment des paquets de nœuds, il sera moins stressant pour le chien de les lui faire couper par un toiletteur. Concernant le matériel de toilettage (peignes, brosses, etc.), demandez conseil à un professionnel pour des instruments adaptés au type de poil de votre animal. Un petit chien est plus facile à toiletter sur une table, mais veillez à ce que sa surface soit antidérapante et ne laissez pas votre animal sans surveillance.

81 Il « fait » n'importe où

Chez les chiens qui souillent leur environnement intérieur, il est plus difficile qu'il y paraît d'identifier la ou les véritable(s) cause(s) de ce trouble du comportement. Il convient donc d'analyser minutieusement la situation pour éviter de se tromper de problème.

La malpropreté chez les chats est relativement courante et résulte généralement d'un stress lié à un surpeuplement au sein du foyer. En revanche, cette cause est beaucoup moins fréquente chez les chiens et n'explique que 20 % des cas de malpropreté. Après l'agressivité, la malpropreté représente l'un des troubles comportementaux les plus fréquents, souvent liée à une anxiété de séparation.

Si votre chien urine ou défèque n'importe où quand vous vous absentez, il souffre certainement d'une anxiété de séparation (cf. page 98). S'il souille la maison en votre présence, c'est sans doute parce qu'il n'a pas correctement intégré les bases de la propreté, alors réapprenez-lui la propreté (cf. page 78). Si vous faites bon usage de la cage pour faciliter cet apprentissage (cf. page 84), vous obtiendrez de bons résultats, mais n'abusez pas de cette méthode.

L'arrivée d'un visiteur accompagné d'un chien dans la maison peut inciter votre compagnon à effectuer un marquage urinaire. Il peut marquer de nouveaux objets pour remplacer les odeurs étrangères par sa propre odeur.

Si votre chien a pris l'habitude d'effectuer des marquages territoriaux à certains endroits de la maison, il y retournera régulièrement pour sentir son odeur et la renforcer par de nouveaux marquages. Il est donc indispensable de nettoyer à fond ces différents emplacements à l'aide de produits suffisamment efficaces, car un chien est capable de détecter des concentrations beaucoup plus faibles que vous.

Un certain nombre de chiens n'éliminent pas dans le jardin ou en promenade. Les propriétaires considèrent ce comportement comme pervers, alors qu'en réalité le chien s'est peut-être habitué à un endroit ou à un support particulier à l'intérieur de la maison et ne veut pas en démordre ou n'a tout simplement pas appris la propreté. Autre raison possible : l'animal ne peut pas éliminer en présence d'un maître ou d'un membre de la famille qui l'a puni et dont il a peur.

Il est contreproductif de lui mettre le nez dans ses excréments ou de le punir de son épisode de malpropreté, surtout s'il est de nature craintive. Si vous le prenez sur le fait, contentez-vous de lui lancer : « hé ! toi ! » pour l'empêcher de recommencer.

Le marquage urinaire

Le marquage urinaire s'observe davantage chez les mâles que chez les femelles et plus souvent chez les mâles dominants. La castration constitue l'un des remèdes les plus fréquents. Mais elle n'est durablement efficace que chez un tiers des mâles ; elle se révèle totalement inefficace chez la moitié d'entre eux.

La malpropreté, accompagnée de flatulences, peut être provoquée par un changement de régime alimentaire, en particulier chez les chiens âgés et les races à face aplatie. Certaines races sont plus sujettes que d'autres à la malpropreté, dont le Beagle et le Yorkshire.

Afin de mieux cerner la ou les cause(s) du problème, notez par écrit, non seulement les épisodes de malpropreté, mais les heures de promenades, si le chien s'est soulagé ou non, les changements alimentaires, les événements stressants, etc. Vous verrez alors si vous ne pouvez pas modifier les horaires de repas de votre chien ou le sortir plus longtemps, par exemple.

82

Il mange des crottes

Quand le maître voit son chien manger des excréments, il est dégoûté, et cela se comprend. Il sait que les chiens sont charognards et font les poubelles, mais il pense qu'il y a des limites !

La coprophagie est un comportement naturel chez les mères de jeunes chiots qui allaitent leurs petits au nid: elles stimulent leur élimination, puis avalent leurs excréments. Mais si la mère avale les fèces, elle régurgite aussi des aliments prédigérés pour nourrir les chiots, d'où une contamination inévitable de la nourriture par des matières fécales à l'origine des préférences alimentaires des chiens à l'âge adulte.

Même si les loups ne sont pas coprophages, ils ouvrent les intestins de leurs proies après les avoir tuées et consomment leur contenu. C'est peut-être cela qui manque à l'alimentation de nos chiens et la coprophagie leur apporte des éléments bénéfiques, dont des résidus de flore bactérienne.
Chez les chiens adultes, la coprophagie a longtemps été considérée comme un comportement regrettable, excepté quelques observations qui ont montré qu'elle semblait plus répandue chez les chiens errants et qu'elle pouvait provenir de la faim, d'une déficience nutritionnelle, d'un stress ou de l'ennui. Cependant, une étude récente, nous permet de mieux comprendre les raisons de ce comportement. Sur les 517 chiens étudiés, à peine plus de 11 % mangeaient des excréments canins. Sur ces 11 %, 56 % mangeaient les excréments de congénères, 37 % ne mangeaient que leurs propres excréments et seulement 7 % mangeaient à la fois les leurs et ceux des autres. Ces résultats montrent que ce comportement va bien au-delà de la simple « mauvaise habitude » ! L'étude a également révélé que les chiens qui ne mangeaient que les excréments de leur espèce étaient indifféremment des mâles ou des femelles, alors que ceux qui mangeaient les excréments d'autres espèces étaient majoritairement des femelles.

Les chiens nourris avec des aliments industriels ont un régime alimentaire plus riche en végétaux que celui de leurs ancêtres, presque exclusivement carnivores et qui leur ont transmis les intestins courts typiques des carnivores. Mais comme les herbivores, les chiens possèdent un gros intestin. Il a été suggéré que la consommation d'excréments de chats, à forte teneur en protéines, pouvait apporter un complément nutritionnel intéressant pour les chiens.
Les chiens ayant toujours eu l'habitude de manger des charognes et d'enterrer de la nourriture et des os pour les consommer plus tard dans un état de décomposition partielle, il est difficile de leur inculquer un dégoût pour les excréments. Non seulement ils sont habitués à une odeur et à un goût qu'ils trouvent agréables, mais ils n'ont pas de nausées.

QUELLES SOLUTIONS ?

- Saupoudrez les excréments que votre chien s'apprête à avaler de piment rouge ou d'une autre substance répulsive.
- Un chien laissé en liberté pouvant accéder à de nombreux excréments, promenez-le en laisse pour mieux le contrôler.
- Une muselière peut empêcher la consommation d'excréments.
- Les exercices d'apprentissage de l'obéissance incluant des ordres tels que «non!» peuvent modifier son comportement.

83 Il se roule dans les excréments !

« Mais pourquoi as-tu fait cela, nom d'un chien ! », s'écrient avec désespoir de nombreux propriétaires en découvrant que leur chien, qu'ils viennent de toiletter avec amour, s'est roulé dans des excréments et dégage une odeur nauséabonde. Ils n'ont plus qu'à rentrer à la maison et, si c'est en voiture, le trajet risque d'être assez pénible !

Les chiens ne sont pas les seuls à manifester de type de comportement : un certain nombre d'autres carnivores se frottent la nuque, les épaules et le menton dans des matières à l'odeur particulièrement forte. Exemples : les hyènes tachetées se roulent frénétiquement dans les boules de poils qu'elles viennent de régurgiter, les civettes se roulent dans des matières animales en décomposition (comportement à la fois alimentaire et sexuel) et un certain nombre des espèces sauvages de canidés se roulent régulièrement sur des charognes en décomposition. En période de rut, des animaux non carnivores comme les élaphes mâles se roulent dans une mare boueuse en urinant. Même les chats, d'une propreté irréprochable, adorent se rouler dans une touffe de cataire et se frotter contre cette plante qui dégage une essence volatile à l'odeur proche de celle des organes sexuels.

QUELLES SOLUTIONS ?

- Soyez vigilant et observez votre chien pour anticiper le moment où, après avoir reniflé quelque chose par terre et tourné autour, il se laissera tomber dessus.
- Dès que vous sentez qu'il s'apprête à se coucher, utilisez n'importe quel moyen pour détourner son attention.
- S'il porte une muselière d'éducation, changez de direction en lui montrant son jouet favori.
- Éloignez-vous des fèces, puis donnez l'ordre à votre chien de s'asseoir et récompensez-le s'il obéit.
- Ne laissez pas votre chien entrer en contact avec du poisson pourri : c'est l'odeur la plus intolérable et la plus tenace une fois qu'elle a imprégné son poil.

Selon l'explication habituelle, les chiens essaient de masquer leur propre odeur pour éloigner les prédateurs ou pour des raisons sociales. Cependant, on prétend que chez les canidés, l'utilisation des organes de marquage odorant n'est pas aussi développée que chez d'autres carnivores, probablement parce qu'ils ont développé davantage les signaux vocaux ou visuels qui leur permettent de communiquer plus rapidement en cas de besoin. C'est la raison pour laquelle ils empruntent parfois l'odeur forte d'un congénère dans un but sexuel (contrairement à d'autres espèces). L'odeur des excréments est agréable pour les chiens et lorsque l'un d'entre eux se met à se rouler dans des fèces ou des charognes en décomposition, un autre ne tarde pas à le rejoindre. Si nous pensons que cette odeur plaît au chien, c'est parce qu'il entrouvre sa gueule en se roulant pour recueillir les molécules odorantes à travers son organe de Jacobson, un organe de détection des odeurs sexuelles.

Sealyham Terrier

Quand votre chien s'est roulé dans les excréments, vous devez le brosser avant de lui faire prendre un bain pour éviter les nœuds, surtout si son poil l'y prédispose. S'il le fait souvent, vous serez obligé de lui faire prendre des bains plus fréquents, alors utilisez un shampoing doux, sans parfum.

Nous ne devrions pas nous montrer aussi intransigeants avec notre chien quand il se roule dans des excréments. Après tout, nous nous aspergeons de parfum à des fins de séduction ! Et n'oublions pas qu'autrefois la plupart des grands parfums étaient fabriqués à partir de la sécrétion de la poche anale de la civette.

Il n'aime pas la voiture 84

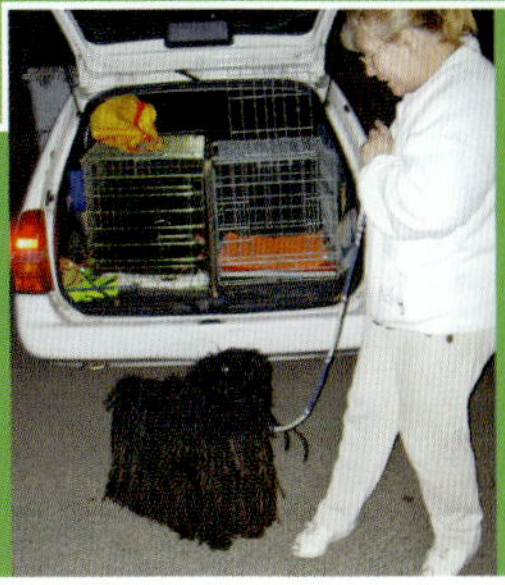

Dans la société moderne, dont le chien fait partie, la voiture est un moyen de transport incontournable. La plupart de nos toutous apprécient les voyages en voiture, mais certains les redoutent : soit parce qu'ils ont le mal des transports, soit parce que le véhicule les intimide au point de susciter chez eux une peur panique. Comment pallier ces problèmes ? En habituant progressivement son chien aux trajets en voiture.

Habituez votre chien à être dans la voiture quand vous ne l'utilisez pas : asseyez-vous avec lui dans l'habitacle quelques instants, puis rentrez tous les deux à la maison. La fois suivante, retournez dans la voiture, mais en allumant le moteur sans démarrer pour que votre animal s'habitue au bruit, puis éteignez le moteur et rentrez chez vous. Au bout d'un certain temps, effectuez de courts trajets et allongez progressivement leur durée. Chez les chiens particulièrement méfiants et excitables, ce processus d'habituation permet de réduire considérablement leur stress en voiture.

Si votre chien est dominant et susceptible de manifester un comportement possessif, n'acceptez pas sa domination en le laissant sauter d'un bond dans la voiture dès qu'une porte s'ouvre. Si vous avez la place de mettre une cage et appris à votre chien à l'utiliser (cf. page 84), il s'y sentira en sécurité et n'aura pas la possibilité d'aller et venir dans la voiture ou de manifester un comportement destructeur.

Cocker

Caniche nain

Quand votre chien s'apprête à pénétrer dans sa cage ou dans la voiture, donnez-lui l'ordre d'attendre ou de s'asseoir et de ne pas bouger. Un ordre tout aussi indispensable quand il se prépare à bondir, tout excité, hors de la voiture, pour éviter qu'il bouscule les passagers et se fasse ensuite renverser.

Si vous ne pouvez pas mettre de cage dans votre voiture, vous pouvez y installer une grille pour compartimenter l'habitacle. N'oubliez pas d'habituer préalablement votre chien à ce dispositif. Si votre chien est destructeur et si cet endroit est destiné à servir aussi de siège passager, pensez à le protéger avec une housse ou un plaid.

Un chien ne doit pas être laissé en liberté dans une voiture sans porter un harnais de sécurité auquel est attachée une laisse-ceinture de sécurité. Il mettra du temps à s'y habituer, mais en cas d'accident, il ne risquera pas d'être projeté.

QUELLES SOLUTIONS ?

- Évitez de surexciter votre chien au préalable.
- Ne laissez pas votre chien dans la voiture sans lui donner de l'air et de l'ombre ; les grands chiens et ceux à face écrasée sont en danger dans une voiture surchauffée.
- N'oubliez pas que les chiens ont, eux aussi, besoin de boire et de s'arrêter régulièrement pendant le voyage.

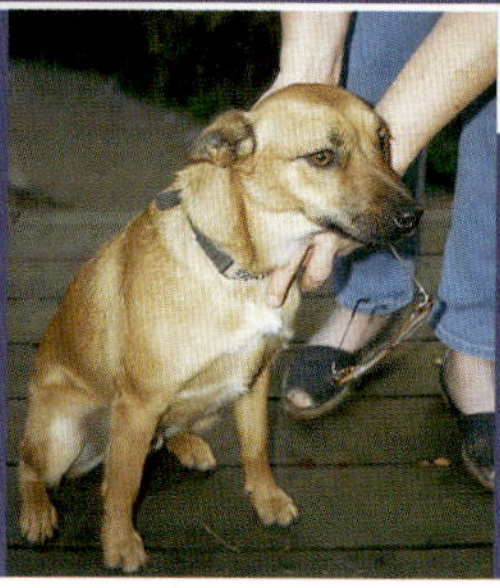

85 Toi, le chien, je te reçois cinq sur cinq !

Les premiers contacts entre l'homme et le loup s'étant noués beaucoup plus tôt dans l'histoire que nous le pensions, soit il y a environ 14 000 ans (voire bien davantage), pour aboutir au chien domestique, leur relation a eu le temps de se développer et de s'approfondir.

Chiot népalais

Les hommes, et les loups, chassaient les troupeaux d'herbivores, d'où un chevauchement partiel de leurs territoires. Une interdépendance s'est installée, les loups se nourrissant des carcasses laissées dans les campements humains. Au fil du temps, les loups ont subi une évolution génétique. Mais le véritable contact s'est établi lorsque les hommes se sont mis à recueillir et élever des louveteaux. Dès lors, les hommes ont réussi à attacher et contrôler les canidés. Le premier livre sur le chien qui nous est parvenu, *Cynegeticus,* de Xénophon, écrivain et chef militaire né à Attique vers 435 av. J.-C. Il renferme des informations très intéressantes sur l'élevage et l'éducation des chiens sportifs.

Le dressage a joué un rôle clé dans la relation entre l'homme et le chien et de nombreuses méthodes ont été utilisées. Toutefois, l'approche moderne, scientifique, du comportement du chien est le fruit des observations de Darwin. D'autres scinetifiques ont développé l'idée d'un apprentissage par tâtonnements en observant ses propres chiens.
Quant au physiologiste russe Pavlov, il est devenu célèbre dans le monde entier pour ses travaux sur le conditionnement des chiens par réponse à un stimulus - les canidés se mettent à saliver au déclenchement d'une sonnerie – à la fin du XIXe siècle. Ses travaux étudiaient à la fois le déclenchement et la suppression des réflexes conditionnés. À peu près à la même époque on étudiait les méthodes d'apprentissage par essais et erreurs en enfermant des animaux dans des boîtes à problèmes munies de leviers sur lesquels ils pouvaient appuyer pour s'échapper.

Un des pionniers du dressage moderne a fondé un groupe de chiens militaires en Allemagne et dirigé une unité de recherche sur les chiens dans l'armée jusqu'en 1937. La Première Guerre mondiale a aussi développé le dressage des chiens guides d'aveugles au service de soldats ayant perdu la vue.

Une nouvelle approche

Le dressage traditionnel reposait sur la punition du chien pour «mauvais comportement». L'animal l'acceptait en vertu de son sens inné de la hiérarchie, mais non sans difficultés. Les méthodes de dressage modernes sont basées surtout sur la récompense.

Border C
Berger allemand

Dressage : le comportement opérant

86

L'abandon du dressage basé sur la punition au profit du dressage fondé sur la récompense résulte des travaux du psychologue et behavioriste américain B. F. Skinner qui a créé le terme « comportement opérant » en 1937. Un comportement modifié est qualifié d'opérant – par exemple, suite à des chasses infructueuses sur un territoire donné, une meute de loups change de territoire.

Pavlov a déclenché un réflexe de salivation par un son de cloche à l'heure des repas – déterminé par le stimulus qui le précède. Le comportement opérant de Skinner n'est pas tant déterminé par le stimulus qui le précède que par celui qui le suit. Et la récompense augmente la probabilité de répétition du « bon » comportement.

Labrador

En 1951 Skinner a eu l'idée de renforcer le comportement opérant du chien avec un clicker : le clicker est devenu un « renforçateur conditionné » (cf. page 122).

Les éducateurs et les dompteurs ont l'habitude d'apprendre aux chiens et à d'autres animaux à réaliser une suite de tâches complexes dans le cadre de l'apprentissage d'un nouveau « tour » – par exemple, ils peuvent apprendre à un grand chien à pousser une brouette miniature. Skinner a utilisé la technique consistant à enseigner un comportement, puis un autre, en les ajoutant progressivement. Cet enchaînement peut être obtenu à l'aide de techniques de renforcement positif : des récompenses alimentaires généralement sous forme de petits cubes de viande. Elles peuvent aussi être des félicitations, des petites tapes affectueuses, le jouet favori du chien ou un click.

Malheureusement, Skinner considère le chien comme un automate et l'instinct n'a donc pas sa place. Certains comportements sont difficilement modifiables par le conditionnement parce qu'ils sont inscrits dans les gènes de l'animal - l'instinct de chasseur, par exemple.

87 Le clicker

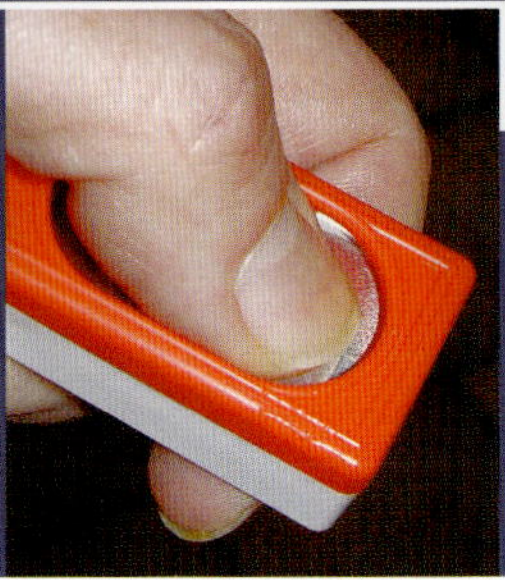

Qu'est-ce qu'un clicker ? Cet instrument, qui n'a rien de magique, est constitué d'une lame de métal encastrée dans un boîtier plastique. Quand vous pressez, puis relâchez la languette, vous entendez un « clic », d'où l'objet tire son nom. C'est un outil simple, mais extrêmement efficace, pour l'éducation des chiens.

Avec le clicker, votre chien associera facilement dans son esprit le signal sonore et la récompense – alimentaire, par exemple. Donnez-lui un ordre auquel vous savez qu'il obéira, lorsqu'il s'apprête à obéir, appuyez sur le clicker, puis récompensez-le. Répétez plusieurs fois cet exercice et votre chien ne tardera pas à réaliser l'association clic/récompense.

Le principal atout du clicker est sa précision. Cliquer est plus rapide pour récompenser le chien à un moment très précis d'une séquence comportementale que lui donner une friandise ou le féliciter verbalement. Votre chien comprend très précisément ce que vous attendez de lui. La plupart des maîtres qui ne sont pas des éducateurs expérimentés emploient un grand nombre de mots pour apprendre à leur chien à obéir, mais s'ils savent, eux, ce qu'ils veulent dire, le chien, lui, ne parle pas le langage humain et les instructions de son maître manquent de clarté. Avec le clicker, votre chien sera ravi de voir que vous savez enfin communiquer avec lui !

Alternative au dressage classique basé sur la punition où l'animal est réprimandé pour son « mauvais » comportement et récompensé pour sa « bonne » conduite, le clicker est un système opérant qui récompense un « bon » comportement. Le comportement souhaité est obtenu uniquement grâce au renforcement positif. Peu à peu, l'émission du signal remplacera la récompense, même si l'association doit être confirmée de temps en temps.

Qu'il s'agisse de faire passer un chien entre une rangée de cônes ou d'apprendre à un chien d'handicapé à décrocher les clés attachées à un clou, le principe du clicker reste le même.

Attendez que le chien s'approche d'un cône et commence à le contourner pour appuyer sur le clicker. Lorsqu'il s'apprête à contourner le cône suivant, cliquez à nouveau, puis récompensez-le. Vous serez surpris de voir avec quelle rapidité votre animal comprend ce qu'il doit faire. Mais le tout est de cliquer juste au bon moment, ni trop tôt, ni trop tard ! Veillez à ce que vos séances d'éducation soient courtes et à vous constituer un stock de récompenses suffisant.

Le clicker ne sert pas seulement à apprendre au chien de nouveaux comportements, mais aussi à corriger ses problèmes comportementaux. Comment ? En renforçant le nouveau « bon » comportement. Par exemple, à chaque fois que votre chien, pourtant habitué à tirer sur sa laisse, réussit à ralentir son allure, cliquez et récompensez-le. Il modifiera rapidement son comportement. Vous pouvez commencer à utiliser un clicker avec un chien de n'importe quel âge.

Cliquez et récompensez

- N'utilisez pas le clicker comme un jouet et ne laissez pas d'autres membres du foyer l'employer ;
- Vous n'arriverez pas à vos fins si vous ne cliquez pas à bon escient et ne récompensez pas assez souvent votre chien ;
- N'abusez pas du clicker, limitez son utilisation aux séances d'éducation.

Il se laisse distraire pendant la séance 88

Au cours des séances d'éducation, votre chien peut avoir tendance à se laisser distraire et déconcentrer – en se mettant soudain à suivre une odeur à la trace, par exemple. Pour qu'il se concentre à nouveau, essayez, vous aussi, de détourner son attention par n'importe quel moyen.

Si votre chien est très éloigné de vous parce que vous lui avez ôté sa laisse pour le laisser gambader et s'il ne veut pas revenir parce que son attention est absorbée par autre chose, faites de grands gestes et poussez de grands cris. Courrez dans tous les sens en faisant des signes de bras, en appelant comme si vous étiez en détresse ou en vous couchant par terre, bref rendez-vous intéressant pour attirer la curiosité de votre chien. Mais quelle que soit la distraction que vous utilisez, elle sera moins efficace si elle n'est pas suivie d'une récompense donnée au bon moment.

Vous pouvez utiliser des disques vendus dans le commerce qui tiennent facilement dans une poche et se posent par terre en cas de besoin. Mais un trousseau de clés fera aussi bien l'affaire. Vous pouvez également produire des effets sonores en agitant quelques pièces de monnaie dans une bouteille en plastique vide ou un sac plastique. (Le principal avantage de cette technique est que si vous vous y prenez habilement, votre chien ne saura pas que ce bruit vient de vous, même si à la longue il finira par s'en douter.) Une fois que vous avez réussi à détourner l'attention de votre animal, rappelez-le et reprenez ce que vous étiez en train de faire.

Il y a d'autres solutions plus immédiates et souvent plus appropriées : imiter le chien en train d'aboyer ou encore claquer des mains.

LE PISTOLET À EAU

L'une des méthodes les plus couramment recommandées par les comportementalistes est celle du pistolet à eau. La technique la plus efficace consiste à projeter le liquide sur la nuque des grands chiens, par derrière, car si l'animal vous voit l'asperger, il croira que vous le punissez (ou l'attaquez). De plus, l'efficacité du pistolet implique de l'avoir toujours à portée de main et, le temps de le charger, vous pouvez rater le moment le plus opportun pour détourner l'attention du chien. Cette méthode peut également poser problème chez les chiens vulnérables ou particulièrement dominants.

Vous pouvez aussi utiliser un collier d'éducation et de rappel ou un collier anti-aboiements, tous deux électroniques. Mais ils sont davantage assimilables à une punition qu'à un moyen de distraire l'attention puisque la seule récompense est l'arrêt du stimulus négatif.

89 Même les chiens vont à l'école !

Si l'éducation de votre chien laisse à désirer, vous avez intérêt à participer à des cours d'éducation canine en compagnie de votre animal. Des éducateurs expérimentés vous enseigneront les bases indispensables, mais l'essentiel sera, pour vous, d'établir une relation optimale avec votre chien et de travailler avec lui à partir d'une réelle compréhension de ses besoins.

Les cours d'éducation des chiots sont utiles pour améliorer leur socialisation : si votre chiot est né dans la nature, il aura l'occasion de côtoyer de jeunes congénères encore quelques semaines après son adoption. Vous devez lui apprendre quelques exercices éducatifs de base à la maison avant qu'il ait l'âge de participer à des cours d'obéissance de premier niveau, dispensés par un éducateur canin expérimenté. Ces cours collectifs sont autant destinés à éduquer les chiens qu'à donner aux maîtres une idée précise de l'attitude qu'ils doivent adopter à leur égard afin qu'ils comprennent ce qu'on attend d'eux. Bref, vous apprenez à bien vous comporter avec lui.

Au départ, ne soyez pas déçu si vous voyez que votre chien réagit mieux à l'éducateur qu'à vous, son maître. L'apprentissage est essentiellement une affaire de compréhension mutuelle et l'éducateur possède la confiance nécessaire pour transmettre clairement ses intentions. Avec la pratique, vous prendrez confiance en vous et votre chien réagira mieux.

Néanmoins, les cours étant généralement hebdomadaires, leur apport reste limité et permet seulement au maître de savoir qu'il est sur la bonne voie. Un bon éducateur repérera immédiatement vos points faibles - ou vos points forts ! L'éducation de votre chien est sous votre entière responsabilité et le reste de la semaine c'est à vous de mettre en pratique les conseils que vous avez reçus. Une fois que vous jugez avoir atteint un niveau suffisant, vous pouvez passez à des cours mensuels. L'intérêt de poursuivre ces séances est de vous empêcher de devenir laxiste ou de prendre de mauvaises habitudes.

Si vous éprouvez un réel plaisir à travailler avec votre chien et souhaitez aller plus loin que les exercices de base, envisagez de vous inscrire à des cours de niveau plus avancé où vous aurez peut-être l'occasion d'aborder l'agility, le pistage, le field-trial ou d'autres formes de compétition canine.

OÙ S'ADRESSER ?

Vous pouvez trouver des informations sur des centres d'éducation canine ou des cours de dressage auprès de la Société centrale canine, chez votre vétérinaire, qui vous indiquera des « Puppy Class »pour votre chiot. Vous pouvez aussi discuter avec d'autres propriétaires de chiens qui se feront certainement un plaisir de partager leurs expériences avec vous. Et assistez sans votre chien à des cours d'éducation pour vous faire une idée de la qualité de l'enseignement. N'hésitez pas à aller voir plusieurs centres ou éducateurs avant de prendre une décision : les éducateurs réputés ne vous en tiendront pas rigueur et seront même rassurés de voir que vous faites tout pour donner le meilleur à votre chien.

Dresser les chiens d'arrêt, leveurs et rapporteurs

90

Les races sélectionnées à l'origine pour arrêter, lever et rapporter le gibier sont aujourd'hui des animaux de compagnie et donc éduquées dans ce but ou pour participer à des concours d'obéissance ou des épreuves d'agility. Cependant, certaines continuent d'être dressées pour remplir leur fonction initiale, parfois au détriment de leur adaptation à la vie familiale. Les futurs propriétaires de ce type de chiens sélectionnent des animaux issus des lignées qui ont fait leurs preuves dans ce domaine.

Ces chiens sont soumis à un dressage spécifique réalisé généralement auprès d'un club de chiens d'arrêt, leveurs et rapporteurs de gibier dont vous pouvez obtenir l'adresse auprès de la Société centrale canine (cf. p. 141). Un chien de ce type, destiné à travailler sur le terrain ou à participer à des fields-trials, doit avant tout savoir s'asseoir sur commande, même si son instinct le pousse à poursuivre le gibier. Les éducateurs expérimentés de chiens d'arrêt, leveurs et rapporteurs de gibier dressent des chiots âgés de moins de six mois à obéir à des ordres simples tels que « assis ! », « au pas ! » ou « dans l'eau ! » et ne commencent un dressage plus poussé qu'au-delà de cet âge.

Des rôles différents

Les chiens d'arrêt, les leveurs et les rapporteurs de gibier ont chacun leur rôle. Après avoir reçu un dressage général, ils font l'objet d'un dressage spécialisé, parfaitement adapté à la fonction à laquelle leur maître les destine. Dans le vocabulaire de la chasse, quêter signifie chercher le gibier. Le rôle historique de l'Épagneul est de quêter méthodiquement, de lever le gibier, puis de s'immobiliser en renonçant à le poursuivre. La portée d'un fusil étant limitée, la zone d'activité du chien ne doit pas excéder un périmètre de 25 mètres autour du chasseur.

Les rapporteurs de gibier, eux, n'apprennent pas à quêter ni à lever le gibier, mais à le rapporter du mieux possible. Quant aux chiens d'arrêt comme les Pointers et les Setters, on les dresse pour dépister le gibier et indiquer sa position aux chasseurs. Dès qu'ils l'ont repéré, ils doivent ralentir, s'accroupir et dresser la tête dans sa direction.

Springer anglais

91 À chaque race, ses tares

L'avènement des expositions canines a engendré une grande diversité de tares. Aujourd'hui, aucune race courante n'est épargnée : les chiens de grande taille, comme le Berger allemand, sont sujets à la dysplasie de la hanche ; les races aux oreilles tombantes, comme le Basset et le Cocker, à une accumulation excessive de cérumen et à des infections auriculaires ; le Cavalier King Charles et le Doberman à des affections cardiaques et le Bulldog à de nombreux troubles de santé...

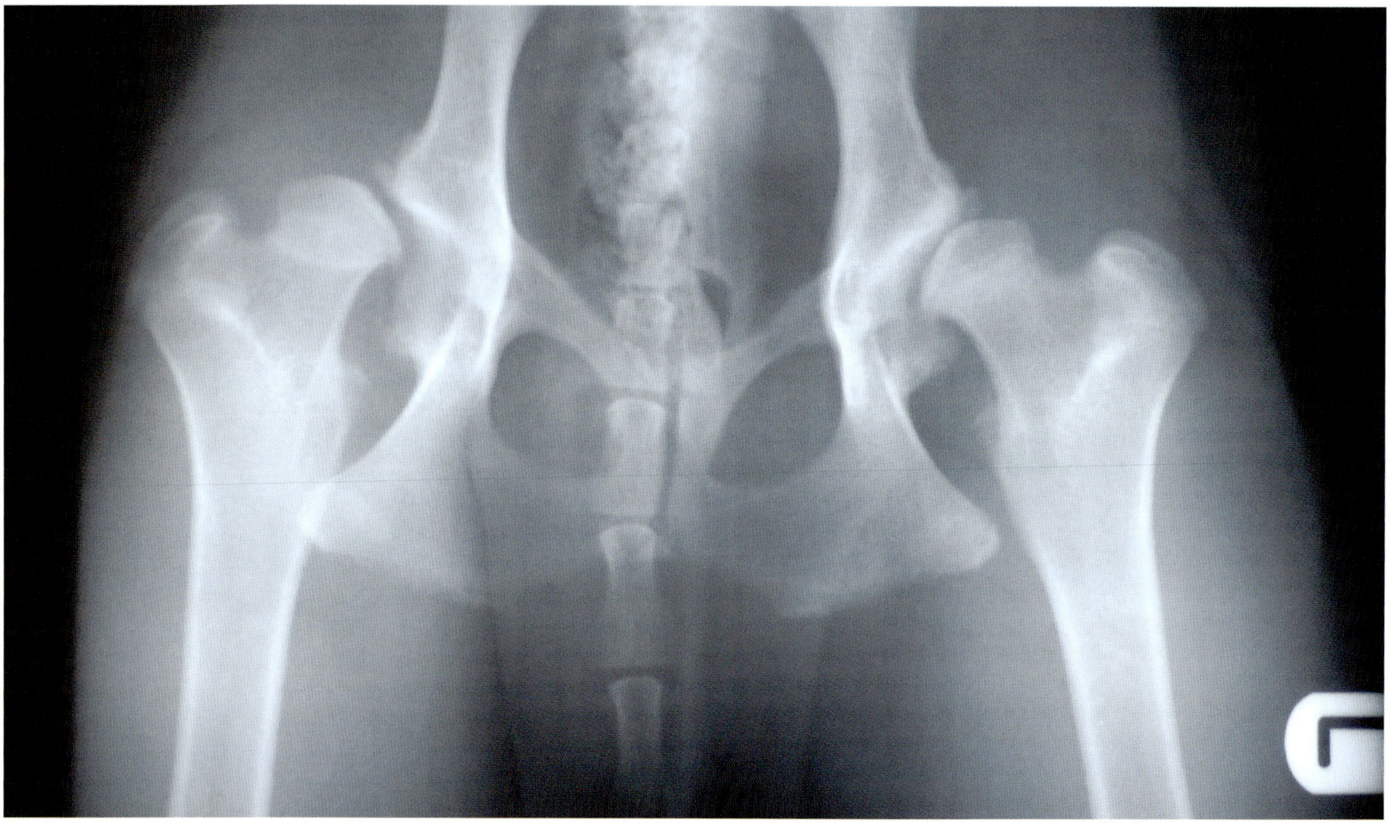

Les races sélectionnées pour leur grande taille sont naturellement plus vulnérables à une sollicitation excessive de leurs muscles, os et articulations. L'articulation de la hanche des grands chiens, dont le Berger allemand et le Labrador, peut subir une dégénérescence entraînant de pénibles douleurs et, dans les cas extrêmes, une incapacité de locomotion. Une radiographie des deux hanches permet de diagnostiquer l'affection. On reconnaît cinq stades de dysplasie : A = aucun signe ; B = stade intermédiaire ; C = dysplasie légère ; D = dysplasie moyenne ; E = dysplasie grave. Il est recommandé de ne pas acheter de chien détecté avec une dysplasie moyenne ou grave. Ces évaluations permettent aux propriétaires d'établir un programme d'entraînement et de nutrition capable de limiter considérablement le développement de cette affection congénitale. Les maîtres doivent être vigilants, car les chiens ont tendance à dissimuler leur douleur et si leur animal prend des analgésiques, il risque d'aggraver son état en marchant trop vite.

La dysplasie du coude est une anomalie du développement des cartilages de l'articulation du coude, qui affecte les chiens comme le Dogue allemand, le Terre-Neuve, le Mastiff, le Berger allemand, le Labrador, le Golden Retriever et le Bouvier bernois.

Toutes les affections ne sont pas héréditaires, mais peuvent résulter d'une sélection génétique sur un critère tel que la taille. Dans les dysplasies de la hanche et du coude, des déterminants à la fois génétiques et environnementaux peuvent être en cause. L'une des formes de dysplasie du coude, l'ostéochondrite dissécante, est un trouble de l'ossification lié à une anomalie de l'alimentation en oxygène et en nutriments du coude au cours de la croissance. Elle est courante chez le Labrador et le Golden Retriever. Une autre forme touche plus souvent d'autres grands chiens tel le Berger allemand.

Le Teckel, le Basset Hound et le Pékinois, des chiens courts sur pattes, sont sujets à des glissements de leurs disques intervertébraux. Le Teckel est également prédisposé au diabète, de même que le Caniche et le Cavalier King Charles. Quant aux races prédisposées à l'obésité, ce sont essentiellement le Teckel, le Caniche, le Labrador et le Cocker. La popularité des Labradors en fait des habitués des cliniques vétérinaires pour des problèmes de surpoids.

Les tares oculaires sont courantes, et les chiens qui en souffrent doivent être écartés de la reproduction. L'atrophie rétinienne progressive en est une. Alors que le Labrador et le Golden Retriever ont tendance à perdre la vision centrale, le Teckel, le Caniche, le Springer anglais et le Setter irlandais peuvent devenir totalement aveugles. Les Colleys et les Bergers du Shetland peuvent être porteurs d'une anomalie congénitale appelée « anomalie de l'œil du Colley » qui endommage aussi la rétine. La grande majorité d'entre eux sont atteints, même si seulement 6 % deviennent aveugles d'un œil. Malheureusement, des chiens dépourvus de cette tare peuvent donner naissance à des chiots affectés. Mais la maladie peut être diagnostiquée à un stade précoce grâce à des tests ADN.

Colley à poil long

en
lever;
Berger
allemand

Troubles du comportement héréditaires

Certains problèmes héréditaires sont des problèmes comportementaux : les Cockers à la robe unicolore sont prédisposés à manifester des formes d'agression brutale (« rage syndrom »). Le Cavalier King Charles peut souffrir d'hallucinations.

Les yeux de races à face aplatie comme le Pékinois peuvent sortir de leur orbite suite à un traumatisme ou simplement une manipulation par la peau du cou car ils sont enfoncés moins profondément que ceux de la plupart des chiens. Les races soumises depuis des années à un élevage sélectif visant à leur donner une face plus courte et plus écrasée sont plus sujettes aux affections respiratoires : le voile de leur palais se développe exagérément et peut bloquer le larynx.

92 Une sélection trop poussée ?

Le Bulldog illustre parfaitement les problèmes liés à une sélection trop poussée. L'élevage sélectif avant l'avènement des expositions canines et l'établissement d'un standard des races respectait la fonction initiale du chien. L'essentiel était que l'animal puisse remplir sa fonction au mieux et l'intervention limitée de l'homme était la bienvenue si elle améliorait la capacité du chien à remplir sa tâche.

Aujourd'hui la plupart des gens considèrent les combats d'animaux comme des actes barbares. Mais ils étaient très répandus en Angleterre au milieu du XVIIIe siècle à l'occasion des foires et d'autres manifestations commerciales. Les bouchers pouvaient être passibles d'une amende si un taureau ne se battait pas avant d'être tué. Les chiens utilisés dans les combats de taureaux n'avaient pas tous la même apparence physique, mais ils étaient généralement sélectionnés pour leur force, leur agilité (ils devaient échapper aux cornes) et leur mâchoire courte et puissante (qui améliorait la prise). Le chien le plus représentatif de ces animaux intrépides et courageux est le Bulldog, devenu après la Seconde Guerre mondiale l'emblème du peuple britannique.

Bien que la fonction initiale de la race ait été abandonnée avant l'essor des expositions canines, la race a subi une transformation radicale dès sa participation aux expositions. Celles-ci jouent un rôle positif dans la promotion d'une race, mais représentent de terribles risques qui n'existaient pas lorsque la sélection de telle ou telle conformation visait à améliorer la fonction première de l'animal.

Bulldog du XIXe siècle

Dès lors qu'une description écrite établit les caractéristiques que doit posséder l'animal – le Bulldog doit avoir une tête large et arrondie – et que des juges distribuent des points selon ces critères – en récompensant le Bulldog qui possède la tête la plus large et la plus arrondie –, la dérive vers une exagération de certains caractères est inévitable. Il faudrait revenir au type d'origine pour éviter la multiplication des problèmes génétiques. La reproduction des animaux à pedigree les plus conformes au standard de leur race explique pourquoi le Bulldog actuel n'a plus rien à voir avec ses ancêtres. La sélection sur des critères purement esthétiques et non plus sur des critères principalement fonctionnels réduit la diversité génétique indispensable à la bonne santé de la race.

LE BULLDOG ACTUEL

La sélection trop poussée du Bulldog est responsable de nombreux problèmes : non seulement les chiennes doivent mettre bas par césarienne, mais l'accouplement nécessite une assistance humaine (jusqu'à trois personnes). Quant aux adultes, ils sont sujets à la dysplasie du coude et la dysplasie du genou doit être diagnostiquée avant d'autoriser la reproduction de l'individu. Enfin, le Bulldog est sujet à la protusion de la membrane nictitante, le fameux « cherry eye » : petite boule rouge apparaissant dans le coin inférieur et intérieur de l'œil (glande nictitante).

Mais le Bulldog est surtout prédisposé aux problèmes respiratoires, fréquents chez les races à face écrasée (brachycéphales). Sa respiration bruyante peut devenir inquiétante et provoquer une asphyxie si l'animal doit fournir des efforts importants, s'il est enrhumé ou s'il fait très chaud.

Le but n'est pas de vous faire peur mais seulement d'être vigilant quand vient le moment d'acheter un animal de race.

Les canards n'y voient que du feu 93

Certains chiens, dont le Retriever de la Nouvelle-Écosse et le Petit Chien hollandais de chasse, sont utilisés pour leurrer les canards sauvages. Avec leur petit air de renard, ils leurrent les canards trop curieux en les attirant vers les chasseurs.

Leurrer les canards

Le Retriever de la Nouvelle-Écosse, appelé aussi Nova Scotia Duck Tolling Retriever, ne se contente pas d'attirer les canards, il les recherche, les lève et les rapporte. Quant au Petit Chien hollandais de chasse, son nom hollandais «Kooiker» signifie «chien appartenant au Kooiker», c'est-à-dire à la personne en charge des leurres à canards lors de la chasse au gibier d'eau.

Chien-Leurre en Angleterre

Les chiens dressés pour leurrer les canards opèrent près d'un plan d'eau artificiel peu profond doté de bras incurvés disposés en rayons qui, vu d'en haut, ressemble à une étoile de mer. Les bras du plan d'eau sont couverts de filets tendus sur des arceaux de taille décroissante. Sur la berge se trouvent des écrans, fabriqués avec des roseaux, qui sont échelonnés pour apparaître continus aux yeux des canards et comportent des espaces munis d'écrans de faible hauteur par-dessus lesquels le chien peut bondir.

Lorsqu'un nombre suffisant de canards s'est posé sur le plan d'eau, le chasseur et son chien se positionnent hors de la vue des volatiles derrière l'écran. Le chasseur fait un signe à son chien qui se met alors à trottiner derrière les roseaux avant de sauter par-dessus un écran de faible hauteur pour apparaître dans le champ de vision des canards.

Si le chien courait en direction des canards, il les affolerait et les ferait s'envoler. Mais il a été dressé pour les regarder quelques instants, puis s'en éloigner et disparaître en sautant par-dessus l'écran. Après être resté un moment à trotter derrière l'écran, il réapparaît devant les canards avant de disparaître aussi vite. La stratégie de leurre est une succession d'apparitions et de disparitions.

Les chasseurs au gibier d'eau ont toujours sélectionné des chiens de petite taille, légers et à la robe rousse pour ressembler à s'y méprendre aux renards. Selon eux, cette allure de renard est essentielle. Les canards sont perplexes en voyant leur ennemi juré, le renard, s'éloigner d'eux au lieu de leur bondir dessus.

Intrigués, les canards se mettent à vouloir suivre leur prédateur, ce qui les entraîne à travers les bras recouverts de filets du plan d'eau. Le chasseur sort alors de sa cachette et capture l'un des canards à l'extrémité d'un bras.

Cette stratégie vous laisse perplexe, vous aussi ? Après avoir vu un « Kooiker » et son chien à l'œuvre, je peux vous dire qu'elle est d'une redoutable efficacité : les canards suivent bel et bien le Chien-Leurre !

6

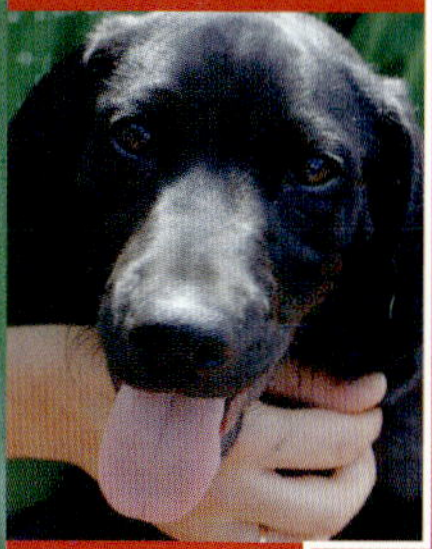

L'homme, le meilleur ami du chien

Chiot Labrador noir

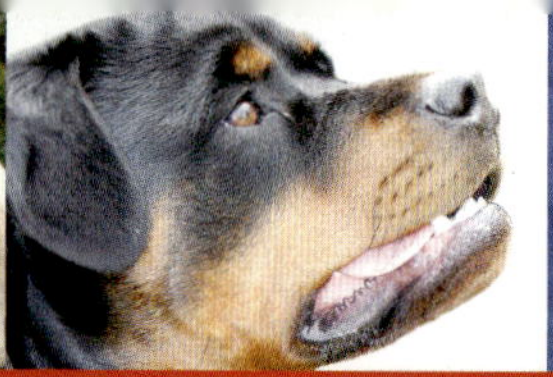
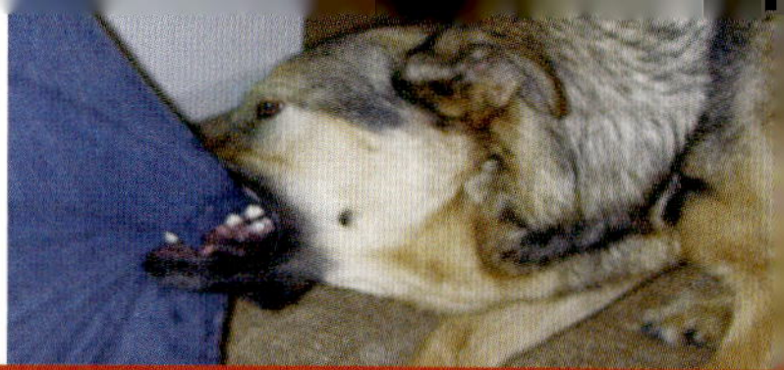

Faites le bon choix

La principale cause de décès des chiens âgés de moins de 18 mois est l'euthanasie suite à des « problèmes comportementaux ». Cette réalité qui fait froid dans le dos signifie que les chiens tués sur la route ou morts de maladies sont moins nombreux que ceux tués volontairement. Et nous les tuons parce que nous avons créé un problème comportemental que nous sommes incapables de gérer.

Dogue allemand

Les problèmes comportementaux résultent de mauvais choix. Par exemple, une mère célibataire avec de jeunes enfants choisit un Berger allemand pour des raisons de protection sans réaliser que si elle veut assurer la sécurité de ses enfants, le chien doit la considérer comme dominante. Autre exemple : un couple qui travaille choisit un Husky sibérien, grand chien très actif, pour le garder enfermé toute la journée dans un appartement exigu sans penser que le chien va s'ennuyer et saccager l'appartement.

Un choix réfléchi

Vous ne devez pas choisir un chien que vous considérerez comme un membre de la famille sur un seul critère tel que l'aspect physique, votre besoin de protection ou la pitié qu'il suscite. Vous devez faire un choix raisonné : alors, votre compagnon restera à vos côtés pendant les dix prochaines années ; sinon, vous ne tarderez pas à rejeter votre animal.

Le Bâtard est une « race » souvent négligée. Même si vous ne savez pas exactement à quoi vous en tenir avec un Bâtard, vous savez qu'il aura certainement moins de problèmes de santé qu'un chien à pedigree en raison de la diversité de son patrimoine génétique. Malheureusement, si les Bâtards ont des problèmes comportementaux, c'est souvent parce qu'ils sont adoptés dans des refuges. Même si vous avez pitié d'un chien abandonné et voulez l'adopter, ne le faites pas aux dépens de la sécurité et du bien-être de vos enfants et de votre famille. Avant d'adopter un chien dans un refuge, discutez longuement avec les responsables de l'établissement qui vous conseilleront le choix le plus adapté à votre situation.

Malamute d'Alaska

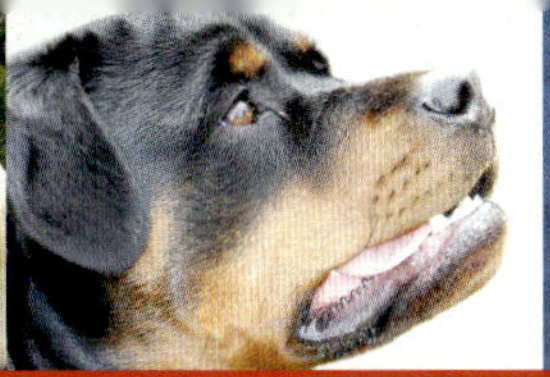
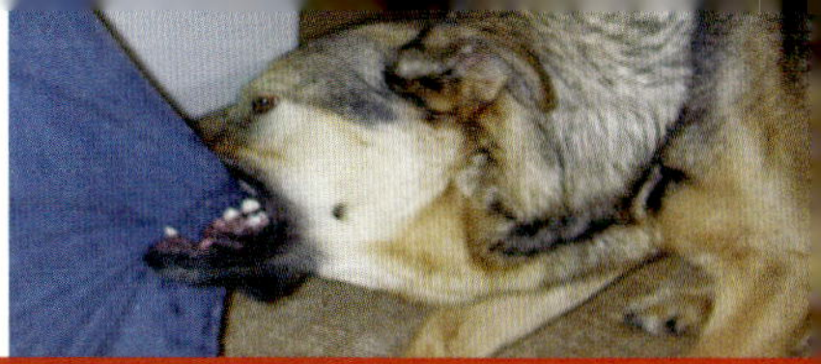

Grande taille

Qu'ils soient Bâtards ou issus d'un élevage sélectif, les chiens de grande taille ne sont pas adaptés à la vie en appartement, surtout si le foyer est composé de jeunes enfants ou de personnes âgées. Avant de se décider pour une robe d'une belle couleur, ou un regard attendrissant, le futur maître doit analyser sa propre situation familiale et son mode de vie, ce qui limite souvent considérablement l'éventail des possibilités.
Avez-vous un jardin adapté à la race que vous souhaitez acquérir, surtout si c'est un grand chien qui a besoin de beaucoup d'exercice ? Si vous envisagez d'adopter un mâle, attendez-vous à d'éventuels problèmes de dominance avec d'autres mâles. Tenez également compte du voisinage, car certains chiens de grande taille sont sujets aux aboiements intempestifs quand ils montent la garde.

Les chiens de grande taille coûtent très cher à nourrir : un grand chien mange 20 fois plus qu'un petit chien. Prévoyez également un budget conséquent pour les soins vétérinaires : les grands chiens ont une espérance de vie inférieure à celle des petits et certains sont prédisposés aux affections de la hanche.

Réfléchissez aussi au temps que vous pourrez consacrer au toilettage de votre animal - le Lévrier afghan, par exemple, nécessite un toilettage quotidien.

Les races dominantes et agressives

Certaines races dominantes comme le Lévrier afghan peuvent être difficiles à éduquer. D'autres, réputées agressives ou sélectionnées autrefois pour remplir une fonction nécessitant de l'agressivité, sont à éviter. Par exemple, le Pitbull est classé dans les chiens dangereux. Il est donc préférable de prendre comme animal de compagnie un chien de berger jadis sélectionné pour mener les troupeaux de moutons qu'un ancien chien de combat.

Le mâtin de Naples est un chien magnifique, à l'allure spectaculaire, mais il est très grand et ses ancêtres étaient des chiens de combat. Le Tosa, originaire du Japon, était sélectionné pour combattre jusqu'à la mort. Même le Shar Pei était un chien de combat chinois et la sélection actuelle visant à réduire ses tendances agressives n'a pas encore totalement porté ses fruits.

Certains chiens comme le Bull-Terrier, le Malamute d'Alaska, le Berger allemand et l'Akita ont la réputation d'attaquer leurs congénères ou de se battre violemment avec eux. Si vous faites l'acquisition de l'un de ces chiens, attendez-vous à des problèmes de dominance au sein du foyer. D'autres chiens tels le Spitz nain, le Chow-Chow et le West Highland White Terrier ont tendance à mordre les enfants.

Mâtin de Naples

94 J'aime mon chien par-dessus tout!

Selon de nombreuses études, nous voulons un chien pour l'amour que nous portons aux animaux et aussi pour avoir de la compagnie. Mais il faut savoir que plus de la moitié des propriétaires sont psychologiquement dépendants de leur animal.

Selon une étude portant sur les relations familiales, plus d'un tiers des propriétaires de chiens disent avoir une relation plus proche avec leur animal qu'avec n'importe quel autre membre de leur famille. Bien que le chien n'appartienne pas à l'espèce humaine, certains maîtres ne le considèrent pas seulement comme un membre de leur famille, mais comme leur préféré !

L'affection portée à son chien peut être excessive : une étude surprenante révèle en effet que de nombreuses femmes refusent de sortir avec quelqu'un qui n'aime pas leur chien. Certains peuvent être également jaloux du temps que leur partenaire passe avec son chien. Par ailleurs, dans les cimetières pour chiens, on peut lire de nombreux et touchants témoignages d'affection et de reconnaissance. Un animal de compagnie a donc bien une place à part entière dans nos vies.

Il est important pour les parents de donner un compagnon à leurs enfants, c'est pourquoi ce sont en majorité les foyers comprenant des enfants de plus de 6 ans et de moins de 17 ans qui cherchent à adopter un chien. Les trois-quarts des futurs propriétaires veulent un chien pour assurer leur protection et dissuader les cambrioleurs, hormis, bien sûr, leur envie d'avoir de la compagnie et le plaisir de s'occuper d'un animal.

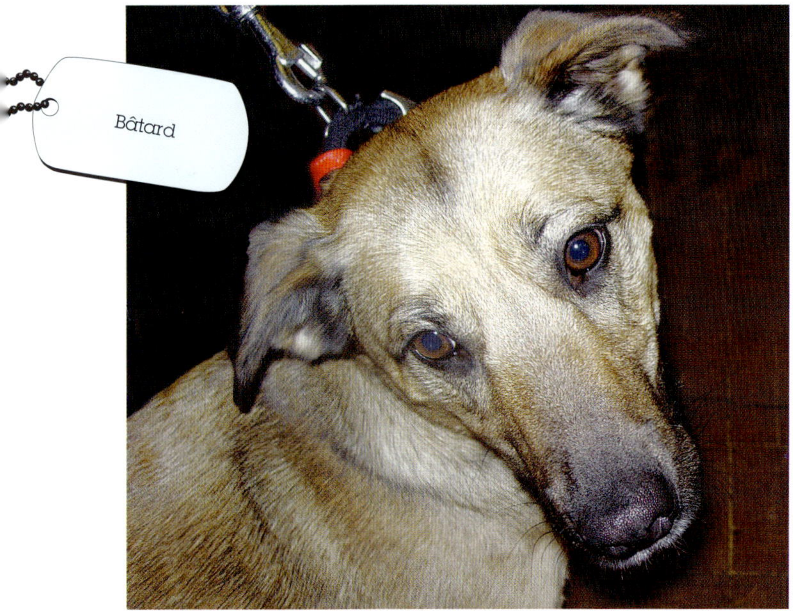

EN TÊTE DU CLASSEMENT

Quelle race de chien choisissons-nous en priorité ? Outre les bâtards, les corniauds et les races non enregistrées à la popularité fluctuante, le Berger allemand est la race préférée des Français, suivi du Golden Retriever, alors que le Labrador arrive en tête en Grande-Bretagne, aux États-Unis, au Canada et en Nouvelle-Zélande. Tous pays confondus, le Labrador reste la vedette.

Les expositions canines 95

Si vous souhaitez avoir un échantillon de l'extrême diversité des races canines, assistez à des expositions qui vous permettront de les voir sous leur meilleur jour. Si vous envisagez d'acquérir une race particulière, vous aurez également la possibilité de poser directement des questions aux éleveurs.

La première organisation internationale à avoir dressé une nomenclature des races canines est le Kennel Club britannique fondé en 1873. Cet organisme a établi des standards et les différentes races ainsi dressées ont pu concourir entre elles au lieu de participer à des concours ouverts à tous les chiens. En France, la Société centrale canine a été fondée en 1882. Les races canines ont fini par susciter un tel intérêt qu'en 1886, le Britannique Charles Cruft a organisé la plus grande exposition canine du monde qui porte encore son nom aujourd'hui.

L'exposition canine la plus prestigieuse des États-Unis, celle du Westminster Kennel Club, a été fondée à New York en 1876 et se tient tous les ans au Madison Square Garden. En France, la principale manifestation est l'Exposition canine internationale organisée chaque année à Longchamp au mois de juin.

Les épreuves de travail vous donnent l'occasion d'améliorer les aptitudes de votre chien. Deux épreuves sportives, relativement récentes, connaissent un succès phénoménal : l'agility et le fly-ball. Le meilleur chien dans ces deux disciplines est le Border Collie qui est, par nature, davantage un chien de travail qu'un chien d'exposition.

Border Collie

LE FLY-BALL

Cette discipline a été inventée à la fin des années 1970 en Californie.

Il s'agit d'un parcours constitué de quatre haies que le chien doit sauter seul et au bout duquel il trouve un dispositif sur lequel il doit appuyer pour libérer une balle qu'il doit attraper au vol et rapporter à son maître en effectuant le parcours inverse (photo ci-dessus).

L'AGILITY

Dans cette épreuve sportive accessible aux chiens de toutes tailles, le chien, dirigé par la voix de son maître qui court à côté de lui, doit franchir une série d'obstacles dans un temps limité.

Les obstacles sont très divers : tunnel en plastique souple ou rigide, palissade, balançoire, slalom, passerelle, saut en longueur, saut de haie, table, etc (photo ci-contre).

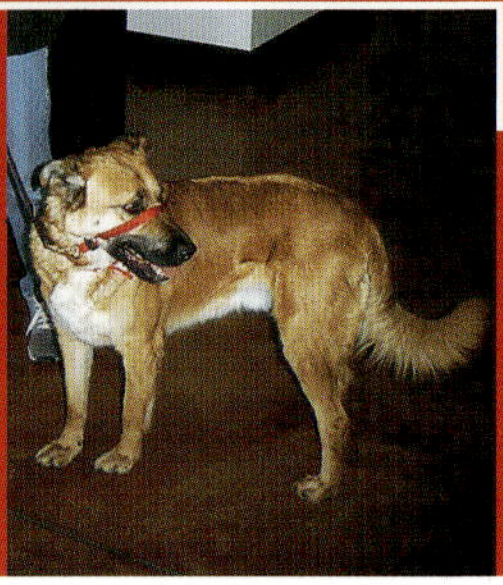

96 Rendez-le heu-reux

Posséder un chien est une responsabilité : notre mission est de nous occuper de lui pour qu'il reste en bonne santé, d'assurer son bien-être, de le promener régulièrement, de l'éduquer correctement, tout cela pour en faire un chien heureux de vivre en notre compagnie.

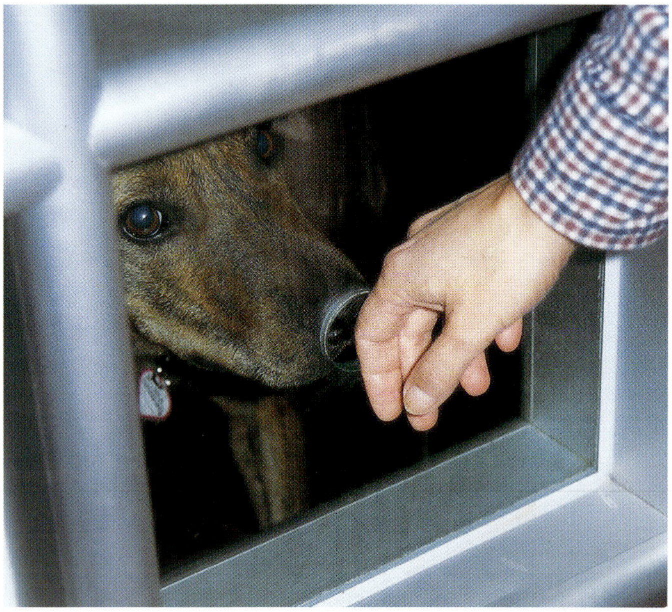

QUELLES SOLUTIONS ?

Avant d'adopter un chien adulte dans un refuge, procédez à un test comportemental afin d'éviter de devoir le rendre ultérieurement. Si les résultats à l'un des tests suivants laissent à désirer, réfléchissez longuement avant de vous décider et soyez réaliste : ce n'est peut-être pas le chien qu'il vous faut, à vous et votre famille.

- Lorsque le chien est en laisse, approchez-vous de lui pour voir s'il est méfiant.
- Est-ce qu'il obéit à l'ordre de base «assis!» ?
- Demandez à ce que l'on vous amène un congénère en laisse à proximité et observez la réaction du chien.
- Demandez à ce que le chien soit laissé seul dans une pièce pendant 10 à 15 minutes pour voir s'il réagit normalement.

Malheureusement, les chiens abandonnés sont une triste réalité et visiter un refuge est parfois éprouvant. Même si nous savons que le personnel et les bénévoles s'en occupent comme il faut, la surpopulation canine dans les refuges reflète notre incapacité, et celle de la société toute entière, à prendre soin de nos compagnons à quatre pattes.

En France, il y a 100 000 chiens abandonnés chaque année (et 15 millions aux États-Unis). Pourquoi tant de propriétaires abandonnent-ils leurs chiens ? La raison la plus souvent invoquée est le déménagement : « Là où nous allons, nous ne pouvons pas les garder. » Des études ont montré que les chiens les plus fréquemment abandonnés dans des refuges sont des animaux entiers, obtenus gratuitement, qui étaient âgés de plus de six mois lors de leur arrivée dans un nouveau foyer et qui n'ont pas tardé à représenter une contrainte trop lourde, plus lourde que prévu, pour leurs propriétaires. Cela montre clairement que la plupart des futurs propriétaires n'ont pas une idée juste de ce que représente la possession d'un animal tel que le chien.

L'identification

Davantage de chiens perdus pourraient être récupérés s'ils portaient un collier muni d'une plaque avec leurs coordonnées mises à jour. Mais les colliers pouvant se détacher, il est préférable d'utiliser le tatouage (obligatoire depuis 1999 lors d'un transfert de propriété) ou le transpondeur, dispositif électronique implanté sous la peau de l'animal. Ce procédé, applicable en France en 2011, est déjà répandu dans les pays d'Europe. Très fiable, il rend plus facile les voyages à l'étrange

Attention à l'obésité!

97

L'obésité est définie comme un excès d'embonpoint correspondant à une surcharge pondérale supérieure à 15 % du poids normal du chien adulte. En France, on estime que 25 à 35 % des chiens sont cliniquement obèses et les chiffres sont bien supérieurs aux États-Unis. On assiste donc à une véritable épidémie.

L'obésité des chiens reflète l'augmentation de l'obésité des populations humaines dans les pays industrialisés. Les propriétaires obèses sont deux fois plus susceptibles d'avoir des chiens obèses que les propriétaires non obèses et aujourd'hui un tiers des propriétaires de chiens obèses ne reconnaissent pas le problème de leur animal.

Bien sûr, nous ne devrions pas mettre la vie de notre chien en danger ou, du moins, contribuer à le maintenir en mauvaise santé en le nourrissant trop. Mais si nos systèmes de récompense sont fondés sur des récompenses alimentaires, en particulier des friandises, les dérives semblent inévitables. Plus de 60 % des maîtres donnent des « gâteries » à leur chien et plus de la moitié lui donnent de la nourriture à table en plus de sa ration quotidienne. Dans le cadre des séances d'éducation, les récompenses alimentaires doivent être offertes en très petites quantités ou remplacées progressivement par d'autres formes de récompenses. Les risques pour la santé de notre toutou sont réels : les chiens obèses risquent de souffrir davantage de diabète sucré, de problèmes orthopédiques, d'arthrite, d'insuffisance respiratoire et cardiaque et de bien d'autres troubles encore. Et le maître est le principal responsable puisque c'est lui qui nourrit son chien et lui donne une ration journalière équilibrée, insuffisante ou excessive. Le volume des rations est primordial et, dans ce domaine, un facteur affectif entre souvent en jeu.

Dans la majorité des cas, l'obésité est liée à une prise alimentaire excessive ou une dépense physique insuffisante pour permettre au chien de brûler ses calories. Un certain nombre de propriétaires admettent ne pas faire d'exercice ou ne pas en faire faire à leur animal. Et dans les foyers multichiens, les animaux ont tendance à se livrer une véritable compétition à l'heure des repas.

Certaines races sont plus prédisposées à prendre du poids : les propriétaires de Labradors, de Basset Hounds, de Beagles et de Cavaliers King Charles doivent se montrer particulièrement attentifs au régime alimentaire de leur animal. Les personnes qui possèdent des races prédisposées à la dysplasie de la hanche doivent également surveiller de près l'alimentation de leur chien pour lui éviter une surcharge pondérale. De plus, même si la prise de poids peut engendrer des problèmes de santé, l'inverse vaut aussi.

Les affections héréditaires susceptibles de réduire la mobilité de l'animal ou de le faire souffrir, dont la dysplasie de la hanche, l'ostéoarthrite et les affections des ligaments croisés, peuvent empêcher le chien de faire suffisamment d'exercice et le prédisposer à l'obésité. De même, la stérilisation, et en particulier la castration, peuvent perturber le système endocrinien et entraîner une prise de poids. Un chien qui conserve un poids optimal peut voir son espérance de vie augmenter de 15 %.

Consultez votre vétérinaire

Si vous mettez votre chien au régime, surtout s'il est de petit format, demandez conseil à votre vétérinaire pour empêcher une perte de poids trop rapide, ce qui est également dangereux pour la santé de l'animal.

98 Une question d'hygiène

Dans la plupart des pays industrialisés, les déjections canines sont devenues un véritable problème de santé publique. Prenons un exemple parlant : celui des États-Unis. Si l'on considère que le pays compte actuellement 65 millions de chiens appartenant à des propriétaires et qu'un chien produit en moyenne 0,34 kg d'excréments par jour, cela fait 22,1 millions de kg d'excréments déposés quotidiennement sur le sol américain, soit 8 milliards de kg par an !

Même si personne n'est content de marcher malencontreusement dans des déjections sur le trottoir, le principal problème est une question de santé publique liée au risque de contamination des jeunes enfants (généralement âgés de 2 à 5 ans) par le *Toxocara canis*, un ver parasite de l'intestin des chiens dont les larves peuvent se transmettre à l'homme et provoquer une infection appelée *Larva migrans* viscérale. C'est pourquoi les propriétaires sont incités à utiliser les dispositifs de ramassage individuel mis en place par les municipalités.

Aux États-Unis, la création de parcs pour chiens permettant à ces derniers de gambader et de faire leurs besoins en toute liberté, sans être tenus en laisse, a suscité de vives résistances : les chiens défèquent davantage lorsqu'ils ne sont pas tenus en laisse, d'où la quantité plus importante de déjections dans ces parcs et les plaintes des parents de jeunes enfants.

En France, la plupart des citoyens pensent que les municipalités devraient engager des actions pour faciliter la présence des chiens au cœur des cités et créer des espaces spécifiques permettant aux toutous de faire leurs besoins et de s'ébattre. La ville de Charleville-Mézières est pionnière dans ce domaine : elle a procédé à des aménagements urbains comme les canisites (WC pour chiens) et les caniparcs (zones de liberté) – des initiatives qui se sont multipliées en France ces dernières années.

Mais il faut surtout mettre l'accent sur l'éducation des propriétaires et les responsabiliser à l'hygiène et à la propreté. D'ailleurs, les villes réclament toujours plus de civisme de la part des propriétaires d'animaux de compagnie. Il ne faut pas oublier que la France compte aujourd'hui 8,8 millions de chiens.

LARVA MIGRANS VISCÉRALES

Ce syndrome est dû à des vers ronds (nématodes) éliminés sous forme de larves microscopiques dans les fèces du chien (ou du chat). Le ver le plus courant chez le chien est le *Toxocara canis*. Les larves ne sont pas infectantes tant qu'elles restent dans les fèces, mais le deviennent une fois déposées au sol au bout de plusieurs semaines ou mois. L'infection est relativement courante. Les larves migrent à travers les tissus, dont ceux du cerveau et du cœur, peuvent endommager la rétine, provoquant une perte de vision partielle ou totale de l'œil atteint. Heureusement, les cas de mortalité sont extrêmement rares.

Les chiots infectés par leur mère naissent porteurs de ces larves qui freinent souvent leur développement. La seule prévention consiste à administrer un vermifuge prescrit par le vétérinaire aux jeunes chiots comme à leur mère.

Si vous possédez un jardin, veillez à ce que les déjections de votre chien ne contaminent pas le sol dans les endroits où vos enfants vont et viennent. Le meilleur moyen est d'éduquer votre animal à faire ses besoins dans un coin du jardin interdit aux enfants.

Anticiper

Les chiens défèquent en général dans les 20 minutes qui suivent l'absorption de leur repas. Ceux qui reçoivent un régime alimentaire riche en fibres défèquent davantage que les autres.

Réservez-lui un coin de jardin 99

Ne confinez pas votre chien dans la maison si vous possédez un jardin où il pourra évacuer son stress. Même si vous le sortez régulièrement, un chien de grande taille finit par tourner en rond entre quatre murs, alors donnez-lui le plaisir de pouvoir réagir à toutes sortes de stimulations dans le jardin.

Golden Retriever

Si vous ne voulez pas que votre jardin soit envahi par les déjections de votre chien, apprenez-lui à faire ses besoins dans le coin que vous lui aurez réservé. Il peut s'agir d'un petit coin d'herbe bien délimité que vous tondez moins fréquemment ou d'un bac à sable (interdit d'accès à vos jeunes enfants). Bien sûr, veillez à évacuer régulièrement les déjections.

Les propriétaires qui autorisent leur chien à aller et venir librement sur la pelouse du jardin sont confrontés à un problème courant : certains endroits sont brunis ou littéralement « brûlés » par l'urine du chien - une autre bonne raison d'apprendre à l'animal à éliminer dans un coin réservé. La forte teneur en nitrates de l'urine des chiens, qui agit comme un fertilisant trop puissant, semble en être la cause et l'on a observé que les chiens recevant une alimentation trop riche en protéines et ne buvant pas suffisamment avaient une urine plus riche en nitrates.

Un lavage quotidien à grande eau pour éliminer les dépôts d'urine empêche l'herbe de brunir ; sinon, le changement de couleur est perceptible au bout de 24 heures. Mais l'on a remarqué que les espèces végétales ne réagissaient pas toutes à l'identique à l'urine canine : la fétuque et le ray-grass, par exemple, sont plus résistantes que le pâturin. Alors si vous créez votre jardin, veillez à sélectionner les plantes les plus compatibles avec la présence d'un chien !

Si vous laissez votre chien en liberté dans le jardin, pensez à planter des buissons, des graminées et à créer des zones pavées. N'oubliez pas de protéger votre potager et vos massifs de plantes à fleurs et à bulbes pour empêcher votre chien, non seulement d'y uriner ou d'y déféquer, mais de les déterrer en creusant des trous. Évitez également les plantes toxiques pour les chiens, dont l'if, le lupin, le buis et le muguet. Enfin, veillez à ce que votre animal ne puisse pas accéder à vos poubelles.

POUR L'EMPÊCHER DE FUGUER

Il est important d'avoir une clôture efficace et des portails qui ferment bien pour empêcher le chien de sortir dans la rue et de mettre sa vie ou celle des autres en danger.

Un chien étant capable de creuser sous les haies pour se frayer un chemin, ne vous contentez pas de haies d'arbustes : installez une clôture grillagée. Envisagez aussi d'avoir une niche ou un petit enclos où vous pourrez y enfermer provisoirement votre animal si nécessaire.

Fox-Terrier à poil dur

100 Utile et... bon pour la santé !

Avec la vie de plus en plus instable et changeante qui caractérise nos sociétés depuis une vingtaine d'années, les propriétaires de chats sont devenus plus nombreux que les propriétaires de chiens. Pourquoi ? Tout simplement parce que les minous sont plus faciles à entretenir que les toutous et n'ont pas besoin d'être sortis quotidiennement.

Labrador jaune

Toutes les études montrent que vivre avec un animal de compagnie est bon pour la santé : le chien, comme le chat, est un anti-stress naturel qui diminue les risques cardiovasculaires et, en particulier, l'hypertension artérielle.

Quand vous emmenez votre chien en promenade, vous en tirez tous les deux des bienfaits physiques, mais la qualité de la relation maître/animal est également importante. Si vous et les membres de votre famille êtes préoccupés par les problèmes relationnels que vous rencontrez avec votre chien, votre tension artérielle ne baissera pas. D'où l'intérêt d'entretenir des rapports sains et harmonieux avec son animal. Selon une étude réalisée en 1984, donner des caresses à un chien avec lequel on entretient une bonne relation contribue à diminuer beaucoup plus fortement la tension artérielle que donner de petites tapes amicales à un chien avec lequel on n'entretien aucun rapport particulier.

Un nombre croissant d'individus, en particulier les enfants et les personnes âgées isolées, ont besoin d'avoir un compagnon auquel ils peuvent se confier et avec lequel ils peuvent se balader. En Grande-Bretagne, les maisons de retraite accueillent des bénévoles accompagnés de leurs chiens pour tenir compagnie aux personnes âgées. Signalons qu'en France, la présence des chiens dans les hôpitaux commence à rentrer dans les mœurs, grâce au travail de l'AFIRAC et de l'association Handichiens.

DES CHIENS D'ASSISTANCE

Les chiens-guides d'aveugles donnent aux aveugles une autonomie très appréciable, les chiens pour handicapés améliorent le quotidien des handicapés moteurs et les chiens pour sourds brisent la solitude si pesante des sourds, diminue leur anxiété et leur évite de sombrer dans la dépression.

Tous ces chiens « travailleurs sociaux », sélectionnés pour leurs qualités particulières, subissent un dressage tout à fait spécial après avoir appris les bases d'une bonne éducation. Les chiens pour handicapés moteurs sont dressés pour ramasser des objets tombés à terre et aider leurs maîtres à faire leurs courses au supermarché, par exemple. Le Labrador et le Golden Retriever sont les deux races utilisées. Les chiens sélectionnés sont placés en famille d'accueil pendant deux ans et sont formés par des éducateurs.

Cocker et Labrador jaur

Adresses utiles

De nombreuses manifestations mettant à l'honneur le chien ont lieu toute l'année en France. Le salon international de l'Agriculture à Paris consacre un espace regroupant dix groupes de races, soit près de 1 000 chiens. Le chien est également au centre de fêtes locales : fêtes du chien de troupeau, fête du chien-guide…

Les expositions canines, voir page 135

FRANCE

A.F.I.R.A.C. (Association française d'information et de recherche sur l'animal de compagnie)
Tél. : 01 56 03 12 00
www.afirac.org

A.N.E.C.A.H. (Association nationale d'éducation des chiens d'assistance pour handicapés)
151-161, rue Nationale
75013 Paris
Tél. : 01 45 86 58 88
www.handichiens.org

C.E.S.E.C.A.H. (Centre d'étude, de sélection et d'élevage de guides pour aveugles)
71, rue de Bagnolet
75020 Paris
Tél. : 01 44 64 89 89
www.chiensguides.fr

C.N.S.P.A. (Confédération nationale des sociétés protectrices des animaux)
25, quai Jean Moulin
69002 Lyon
Tél. : 04 78 38 71 85
www.spa-france.asso.fr

Commission nationale d'éducation et d'agility
cnea.net

École nationale vétérinaire d'Alfort
7, av. du général de Gaulle
94700 Maisons-Alfort
Tél. : 01 43 96 71 00
Urgences : 01 43 96 72 72
www.vet-alfort.fr

Fondation Assistance aux animaux
23, av. de la République
75011 Paris
Tél. : 01 43 55 76 57

Fondation Brigitte Bardot
28, rue Vineuse
75116 Paris
Tél: 01 45 05 14 60
www.fondationbrigittebardot.fr

Fondation 30 Millions d'amis
www.30millionsdamis.fr

S.C.C. (Société centrale canine)
155, av. jean Jaurès
93535 Aubervilliers cédex
Tél. : 01 49 37 54 00
www.scc.asso.fr

S.N.P.C.C. (Syndicat national des professionnels du chien et du chat)
Route de Bourg
01320 Chalamont
Tél. : 08 92 68 13 41
www.snpcc.com

S.P.A. (Société protectrice des animaux)
39, bd Berthier
75017 Paris
Tél. : 01 43 80 99 22
www.spa.asso.fr

Société canine de Monaco
12, av. d'Ostende
98000 Monaco
Tél. : 93 50 55 14

BELGIQUE

Faculté de médecine vétérinaire
Université de Liège
20 bd de Colonster
4000 Liège
www.ulg.ac.be/fmv

F.C.I. (Fédération cynologique internationale)
13, place Albert Ier
6530 Thuin
Tél. : 71 59 12 38
www.fci.be

Union royale cynologique Saint-Hubert
98, av. Albert Giraud
1030 Bruxelles
Tél. : 22 45 48 40
www.srsh.be

CANADA / QUÉBEC

CKC (Club canin canadien)
89, av. Skyway, bureau 100
Etobicoke, Ontario
M9W 6R4
Tél. : 416 675 5511
www.ckc.ca

Faculté de médecine vétérinaire
3200, rue Sicotte
Saint-Hyacinthe
Québec J2S 2M2
Tél. : 450 773 8521
www.medvet.umontreal.ca

LUXEMBOURG

Union cynologique Saint-Hubert du Grand Duché du Luxembourg
BP 69
4901 Bascherage
Tél. : 50 28 68
www.uchl.lu

SUISSE

Faculté de médecine
www.rektorat.unizh.ch

Société cynologique suisse
Langgassstrasse 8
Case Postale 8217
3001 Berne
Tél. : 031 306 62 62

QUI EST L'AUTEUR ?

Roger Tabor est un naturaliste, un biologiste et un spécialiste du comportement animal de renommée internationale. Il est membre de la *Canine and Feline Behavioural Association* et conseiller scientifique dans le cadre d'*Animal Balance*, un projet de stérilisation des chiens et des chats destiné à contrôler ces populations sur les îles Galapagos et réalisé en partenariat avec les différentes communautés locales.
Roger Tabor a voyagé dans le monde entier pour observer les chiens, les chats et la faune sauvage. Il a conçu et présenté de nombreuses émissions télévisées sur les animaux de compagnie et les animaux sauvages, principalement à la BBC et ses talents d'écrivain ne sont plus à démontrer. Les livres dont il est l'auteur ont toujours rencontré un vif succès et ont été maintes fois récompensés. Photographe de talent, c'est lui qui prend la plupart des photographies de ses livres.

DANS LA MÊME COLLECTION, CHEZ LAROUSSE

100 clés pour comprendre son chat
Un guide très complet et original qui donne toutes les réponses aux questions que se posent les amoureux des chats. 100 fiches pratiques racontent le chat dans tous ses états, dans un style très vivant et avec humour : anatomie et physiologie, vie au quotidien, comportement, troubles, langage, soin...

27,90 x 21,60 cm, 144 pages,
370 photos en couleurs. **15,90 €**

AUTRES PARUTIONS LAROUSSE

Larousse du chien et du chiot
Sous la direction du Dr Pierre Rousselet-Blanc
Un ouvrage de référence qui donne tous les conseils pour choisir, éduquer, comprendre et s'occuper de son chien au quotidien et à tous les âges de sa vie. 258 races les plus courantes en France sont présentées. Les points clés du développement du chien permettent de comprendre comment cet animal social est devenu le meilleur ami de l'homme.

Un volume cartonné, 21,50 x 28 cm, 384 pages,
400 photos en couleurs. **29,90 €**

Larousse du chat et du chaton
Sous la direction du docteur Pierre Rousselet-Blanc
Un ouvrage de référence qui donne tous les conseils pour choisir, nourrir, comprendre et éduquer son chat au quotidien et à tous les âges de sa vie. Il se compose de quatre parties : choisir son chat parmi les 55 races les plus courantes, vivre avec son chat, le connaître et le comprendre, le soigner.

Un volume cartonné, 28 x 11,50 cm, 288 pages,
240 photos en couleurs, **26,90 €**

Index

Index et remerciements

REMERCIEMENTS

Je tiens à remercier celles et ceux qui travaillent à mes côtés depuis de nombreuses années et qui ont participé à la création de ce livre. Je ne peux remercier tout le monde, mais je sais que les personnes que je n'ai pas pu mentionner ici ne m'en tiendront pas rigueur.

Je remercie la Central Essex Dog Training School, Colchester, Crufts, le Kennel Club, l'American Kennel Club, Debbie Rijnders et Tinley Advies & Producties, Dr Lyudmila N. Trust et Shepeleva Darya de l'Institute of Cytology & Genetics à la Siberian Division de la Russian Academy of Science, Dr Heidi Parker et Dr Elaine Ostrander du Fred Hutchinson Cancer Research Centre, l'université de Washington à Seatle, Heidi Hardman de Cell press, Dr Joanne van der Borg de l'université de Wageningen en Hollande, Colin Tennant et la Canine & Feline Association, l'Human Society des États-Unis, le Chitwan National Park au Népal, Emma Clifford et Animal Balance des îles Galapagos, Christine Kirkman, Tim Collins, APBC, l'US Pet Food Institute, les vétérinaires et le personnel du San Francisco SPCA, RSPCA Danaher Animal Home, Seavington Hunt, Great Bentley Dog Show, Dick Meadow et la BBC, Alfresco TV Cardiff, Tatton Park, Philip Wayre et le Norfolk Wildlife Centre & Park, le zoo de Colchester, le Kruger National Park, le Longleat Safari Park. Je remercie tout particulièrement Alan Hatch, chirurgien-vérérinaire.

Je remercie également ceux qui m'ont fourni les photos de leurs chiens forcés à agir d'une manière inhabituelle de la part de ces animaux parfaitement dressés ! Mes remerciements s'adressent donc en particulier à Natalie Potts, John Breton, Harrison et Chelsea, Pam Lindrup, Sarah Verral, Michelle et Toby Gray, Pamela et John White et Tom Thomas ; également à J. Lightly, N. Staines, Mr Matthew, K.D. et C. Ineson, M. Baldry, Jenni Hastings, Sarah Hurr, T. Dunsdon, S. Tearle, Gill Bingham, Sheila Cox, Lynda Davies, Andrew Pratt, Lyn Wiggins, Katrina Spitz, Frances Stone, R. Vincent, J. Holmes, S.P. Spells, Lin Robins, Mrs J. Robinson, S. Alexander, Frank Wood, Mrs Hardy, Janet Woodhead, Mrs D. Taylor, Mrs B. Jones, Pete et Wendy Garrard, David Chandler, Mr et Mrs Webb, S. Eburne, E.G. Elliott, Debbie Rjinders, B.J. Henderson, I.S. Hugues, P. Batten Jones, Fred Mason, Mrs Webster, Jean Denton, Emma Redrup, B. et S. E Smith, Mr P. Bush, Margaret Greening, Julie Olley, Rosemary Turrell, J. Stibbs, Marion Brierley, Paula Clarke et Dempsey, Lynn et Margaret Cuthbert, Tessa Proudfoot, Ann Mills, Sarah Verrall, David Ridgewell, Lesley Scott, Joyce Jackl, Lee Beecroft, Deborah Sage, Richard Verrier, Stuart-Lee Hurr, Sarah King, Keith Jones, Diane Beaumont, M. Jones, Paula Hunter, S. Moreton, Angela Clark, Caroline Cox, Helen Green, Cara McGuffie et Charles Llewelyn, S. George, Ray Raymond, C. George, Nicola Beavers, Jenny Goff, Nigel Ball et Ciaran Carr, Catherine Carr, Robert et Lisa Murray, les toiletteurs canins Scruffy Wuffy, Maureen Grant, Sissi Meindersma, Josephine Hayes, Ian Harvey, Moira Sixsmith, Gina Stiff, Kay Lundstrum, Jean Howkins, Susan Osborne, Tony Cook et le Wildfowl Trust, S. Harris, Georgie McGuffie, Tina Brett, Ray Johnson, Sarah Rushton, W.A. Cook, Mrs Ruley, Esther et Tony Hague, C. Preston, Steve et Julie Mercer et D. Lunt.

Je remercie également toute l'équipe de David & Charles. Un grand merci en particulier à Liz Artindale pour son aide précieuse et son formidable soutien.

CRÉDITS PHOTOGRAPHIQUES

Toutes les photographies sont de Roger Tabor, excepté les suivantes :
1re et 4e de couverture, pages 3 et 5, ph. © Kim Sayer / 4e de couverture (tout en haut), ph. © Pierre Delprat. Page 6 (en haut), ph. © Dick Meadow. Page 63 (grande photo), ph. © Getty images/America 24-7/Ken Weaver. Pages 74 (dans l'en-tête) et 111 (dans l'en-tête et en haut, à gauche), ph. © Liz Artingale. Page 126 (grande photo), ph. © Alan Hatch, chirurgien-vétérinaire.